# Escrevendo Ficção Científica e Fantasia

## Como Contar Histórias de Outros Mundos

ELDES SAULLO

Escrevendo Ficção Científica & Fantasia
Como Contar Histórias de Outros Mundos
*Eldes Saullo*

Edição e Revisão:
*Simone Alves*

Design da Capa:
*Livros Que Vendem (livrosquevendem.com/capas)*

Saullo, Eldes,
Escrevendo Ficção Científica e Fantasia - Como Contar
Histórias de Outros Mundos – 2ª Edição

Eldes Saullo – Casa do Escritor, São Paulo: 2016


ISBN 9781519007346

1. Referência 2. Publicação e Livros 3. Autoria
I. Título

**www.eldessaullo.com**

# Sumário

Para meu irmão, Rafinha.

# Introdução

Ficção Científica e Fantasia são gêneros extremamente sensíveis sob o ponto de vista da qualidade: ou o resultado é muito bom ou uma grande porcaria. O fato é que a grande maioria das obras destes gêneros se encaixa muito mais no segundo do que no primeiro grupo.

O motivo? Como se tratam de temas que versam sobre a suspensão da descrença, a capacidade de um leitor de aceitar acontecimentos absurdos o suficiente para imergir neles, as histórias precisam ter boas tramas e serem convincentes para não desandarem.

O leitor não irá lhe perdoar se sua trama for pobre, se sua história se basear no improvável ou se você mudar as regras que você mesmo estabeleceu para seu novo mundo.

Em minha modesta opinião, muitos autores de ficção científica preocupam-se tanto com as tecnologias, magias e outras "ias" em que baseiam suas histórias que acabam deixando a trama em segundo plano. Um grande erro.

Antes de colocarmos o laser sobre esta ferida, vamos dar uma passeada pelo mercado.

O crescimento assombroso dos e-books causou impacto em nossa forma de ler e também nas estratégias das editoras. Se antes o foco era a literatura de ficção, os e-books trouxeram ao topo do ranking gêneros que antes recebiam menos investimentos. Erótica, Romance, Terror, Ficção Científica e Fantasia passaram a dominar o mercado.

Segundo analistas, além das facilidades de custo e imediatismo proporcionados pelo meio digital, os e-books ampliaram a leitura de gêneros extremamente segmentados e de obras sequenciais – como as trilogias, por exemplo. Com isto, gêneros mais propícios a este modelo ganharam leitores ávidos que agora podem transitar pela literatura eclética sem se preocuparem com quem está ao redor.

Ficção Científica e Fantasia são, respectivamente, o terceiro e quarto gêneros mais vendidos em e-books. Portanto, se você pretende escrever uma história fantástica que se passa neste ou em outros mundos, o caminho é bastante promissor.

Por que você deve ler este livro?

Muitos escritores correm da sala quando o assunto são "fórmulas" para escrever. Afirmam, com razão, que técnicas são racionais enquanto a escrita é uma tarefa emocional que está além das regras. Sou a favor da quebra de regras no que se refere a unir as palavras e, com isto, construir parágrafos, capítulos, livros e universos inteiros. No entanto, antes de quebrar uma regra é preciso conhecê-la. Mas este não é um livro de fórmulas ou regras.

Também discordo que escrever seja uma tarefa exclusivamente emocional. Na verdade, existe muita discussão sobre se você deve escrever seu livro de uma vez, de forma intuitiva, ou planejá-lo antes. Faz parte da guerra entre os seres emocionais, os Capitães Kirk, e racionais, os Doutores Spock, que habitam este vasto planeta que habitamos.

Os seres mais racionais gostam de planejar o que irão escrever. Os mais emocionais preferem escrever de uma tacada ou quando a inspiração bater. Sim, algumas pessoas podem escrever um livro desta forma, extrair tudo de uma vez de suas cabeças e fazer com que o resultado faça sentido.

Porém, o que os escritores de sucesso normalmente fazem é a junção destas duas capacidades, ou seja, planejam o escopo do livro de forma racional depois de terem, intuitivamente, vislumbrado a história. Em seguida, se lançam emocionalmente na aventura da escrita. Na etapa final, retornam à razão para reescrever, o momento onde as grandes melhorias acontecem.

A razão é bem simples: planejando antes, você escreverá o livro com mais rapidez e eficiência e o resultado final será muito mais atraente para seu público. Isto porque você terá certeza de ter coberto os pontos certos para satisfazer as expectativas do seu leitor.

Por outro lado, você precisa tomar cuidado com o excesso de planejamento, pois, além de engessar a história, corre o risco de não explorar suas nuances a fundo e entregar algo superficial demais. Busque o equilíbrio, abra seu coração e mente para que a história flua a ponto de superar qualquer tipo de estrutura e de não se perder por falta dela.

Portanto, não tome este livro como um manual e sim como um guia de boas práticas com o objetivo de ampliar seu conhecimento e domínio quando o objetivo é manter leitores em suspense, o grande segredo de toda trama.

Use-o como uma caixa de ferramentas sobre o gênero Ficção Científica e Fantasia e também de construção de tramas e personagens. Por favor, tome-o como um apoio para fortalecer sua escrita e não como um conjunto de regras.

Este livro se destina a autores iniciantes e àqueles mais experimentados que gostariam de rever ou reforçar alguns conceitos de escrita criativa.

Sou um estudioso de longa data do mercado editorial, tendo prestado serviços para grandes editoras como Ediouro e Nova Fronteira. Tenho onze livros publicados nas áreas de pesquisa, planejamento, escrita, produção e marketing de livros e dou aulas de técnicas literárias para autores de ficção e não ficção. Hoje, vivo da escrita. Dedicome aos livros de não ficção, usando meu nome de batismo, e aos de ficção, usando pseudônimos.

**"Escrevendo Ficção Científica & Fantasia – Como Contar Histórias de Outros Mundos"** está dividido da seguinte forma:

O primeiro capítulo, fala sobre por que escrever histórias do gênero e da importância de pensar em seus objetivos antes de começar seu livro.

O objetivo do segundo capítulo é ajudá-lo a levantar temas para Ficção Científica e Fantasia e a gerar ideias para suas tramas a partir de subgêneros, especulações, leituras, previsões do futuro e reinvenções do passado.

Depois, entraremos nas técnicas sobre as melhores práticas do gênero. Nos capítulos três, quatro e cinco você fará um mergulho nos principais elementos de uma história bem contada: Personagens, Cenários e Trama.

O sexto capítulo traz dicas que irão auxiliá-lo a retirar a história da cabeça e colocá-la no papel ou no Word de uma forma simples e rápida.

Nestes capítulos você também encontrará exercícios para desenvolver personagens, cenários e tramas convincentes.

O sétimo capítulo apresenta dicas para a criação de diálogos mais fortes e que realmente fazem a trama andar.

Por fim, faço um breve *overview* sobre os passos seguintes à escrita, como testes, revisão, produção e divulgação do seu livro e termino com algumas dicas valiosas para organizar seu tempo de escrita.

**Que a Força esteja com você!**

# Por que escrever Ficção Científica e Fantasia?

"Ficção científica é sempre a arte
do possível, não do impossível".

*Ray Bradbury*

Julio Verne ocupa, junto com William Shakespeare e Agatha Christie, o topo da pirâmide dos autores mais traduzidos do mundo. O pai da ficção científica moderna, além de escritor, deveria também fazer parte de outro grupo: o dos videntes.

Julio foi uma espécie de Nostradamus das tecnologias, um escritor profeta. Ele previu o submarino elétrico, a transmissão jornalística, a navegação espacial utilizando energia solar, os módulos lunares, a videoconferência, entre outros. Ele previu, cem anos antes, as viagens espaciais e a ida do homem à Lua.

Segundo sua biografia, ele lia muito e era curiosíssimo, a ponto de entrevistar cientistas e pessoas envolvidas com as novas tendências e tecnologias. Então, o segredo de Verne não estava em fazer profecias, mas em prestar atenção no mundo ao seu redor e em seus avanços e conversar com as pessoas certas.

Ray Bradbury, autor de Fahrenheit 451, entre outros clássicos, certa vez disse em uma entrevista: "Imagine se, sessenta anos atrás, no início da minha carreira de escritor, eu tivesse pensado em escrever uma história sobre uma mulher que engolia uma pílula e destruía a Igreja Católica, causando o advento da libertação das mulheres. Esta história provavelmente causaria risos em alguns, mas como se dá dentro do reino do possível, teria sido uma grande ficção científica".

O que Bradbury e Verne têm em comum? Eles escreveram livros com os temas mais fantásticos dentro do reino das possibilidades.

Mesmo que sua história se passe em um planeta inventado ou em um mundo que existe apenas em sua cabeça, ela precisa passar ao leitor a sensação de que é possível. Caso contrário, tocará na principal causa de torcidas de narizes para uma história, seja ela fantasiosa ou não: a descrença crônica.

O homem escreve para buscar sentido na vida, para se sentir vivo, para deixar algo para a posteridade ou para mudar o mundo. A ficção científica tem grande poder nos dois últimos casos, mas também pode ser útil na busca do autoconhecimento e de seu porquê. O ponto comum em todos estes motivos é a busca pela transformação.

Desde que saiu das cavernas, o homem está em constante evolução, com os olhos no futuro, em uma luta incessante para tornar-se uma espécie de Deus.

O objetivo é sempre a satisfação dos desejos e a supressão dos medos e ameaças. Desta forma, ao criar tecnologias, inventar mundos e conceber universos paralelos, o autor de ficção científica e fantasia encontra uma maneira de contribuir para esta evolução, para sua transformação e do mundo. Por isto, o gênero é também conhecido como "literatura das ideias".

Ficção científica e fantasia são gêneros bem específicos e, como todo gênero, precisam trazer elementos obrigatórios para agradarem o leitor aficionado. É o mesmo caso do Western, onde os leitores aguardam ansiosamente pelos duelos no meio de uma cidadela empoeirada.

Por conta disto, é necessário abordar os temas com precaução e também com certa sofisticação para não esbarrar no ridículo com enredos que falam de tornados que despejam tubarões em Los Angeles ou nazistas na lua. Sim, estes argumentos já foram usados.

O gênero possui três elementos que são pré-requisitos, independentemente da história se passar em uma galáxia distante ou em um futuro pós-apocalíptico. São eles:

## 1. Especulação

No capítulo sobre criação da trama você vai mergulhar mais a fundo no "E se?", a pergunta central de toda especulação. Aqui, basta dizer que é impossível escrever livros do gênero sem especular.

E se o homem pudesse viajar ao centro da terra? E se robôs se tornassem tão humanos que seria necessário criar uma polícia especial para identificá-los e destruí-los? E se um guerreiro bárbaro tivesse que enfrentar feitiçaria pesada para libertar uma princesa?

De contatos com alienígenas, passando por sociedades distópicas ou medievais até viagens espaciais através de dobras, a especulação é a chave das histórias do gênero.

## 2. Ciência e/ou Magia

Verdadeiras ou imaginadas, as histórias de "sci-fantasy" são carregadas de "invenções" – físicas ou metafísicas - que atuam de forma benéfica ou maléfica na vida dos personagens, sejam eles humanos, humanoides, alienígenas ou bravos guerreiros de um mundo medieval.

A máquina do tempo, o tele transporte, os lasers, a espada invencível são alguns exemplos. Mais do que apenas "tecnologias", para resultar em boa ficção, tais elementos precisam explorar as potenciais consequências de sua utilização. Como o impacto científico ou o contato com a magia são capazes de mudar as pessoas e seus mundos?

Dos poderes psíquicos à magia, dos artefatos militares ultra-avançados às espadas mais encantadas, o gênero necessita de "algo" além da imaginação.

## 3. Cenários

História de Ficção Científica e Fantasia geralmente acontecem no futuro, em um passado incerto ou em universos alternativos. Mesmo que ocorram em um mundo próximo ao real, trazem elementos – personagens, tecnologias ou inovações – que fogem do habitual especular sobre o impacto científico ou mágico. Neste último caso, as aventuras geralmente ocorrem em mundos sem armas de fogo, em sociedades imaginárias medievais ou ancestrais.

O passado e presente podem ser modificados, o futuro pode ser inventado. "Mad Max" se passa em um mundo pós-apocalíptico onde os carros são instrumentos de guerra. A trama de "As Crônicas de Gelo e Fogo" acontece em Westeros, um mundo inventado por R. R. Martin, tal qual a Terra Média de Tolkien. Já os "Contatos Imediatos do Terceiro Grau" ocorrem em uma época próxima do presente.

Antes de sair imaginando inovações científicas inacreditáveis, feitiços incríveis ou pensando em outros mundos, é preciso definir seus objetivos como escritor para que suas histórias sejam criadas com autenticidade. Para isto, é necessário que você se faça algumas perguntas e as responda com sinceridade antes de cada livro que for escrever:

## 1. Quais são seus objetivos ao escrever o livro?

Mark Twain disse que os dois dias mais importantes da nossa vida são o dia em que nascemos e o dia em que descobrimos por quê. O fato de você eleger um gênero e uma história para mergulhar precisa estar alinhado a seus objetivos como escritor e como ser humano, caso contrário poderá soar ou não causar o impacto que você almeja.

## 2. Quem é o seu leitor?

Você precisa conhecer a fundo o perfil do seu leitor ideal se quer obter algum sucesso como escritor. Leitores não querem comprar o que você escreve, eles compram o que desejam ler. Por isto, faça com que seus livros sejam desejados. Nada melhor para isto do que compreender as necessidades psicológicas e comportamentais dos leitores.

## 3. Por que o leitor vai se importar com o que você escreve?

Existe uma grande diferença entre os seus objetivos e os objetivos do seu leitor. Para escrever bons conteúdos é preciso se colocar na pele do leitor ideal. Um bom exercício é pensar no tipo de experiência que ele terá ao ler o seu livro. O objetivo da literatura de ficção é entreter e divertir. Imagine cenários, crie inovações ou especule sobre mundos que proporcionem estas vivências ao seu leitor.

## 4. Como sua abordagem é diferente?

Existem milhares de livros sobre alienígenas, robôs, viagens espaciais, temporais etc. Como você pode evitar ser apenas um eco e criar uma voz própria dentro de temas tão explorados, alguns até batidos? Um olhar original é muito raro. Basta uma busca sobre qualquer assunto para ver como a grande maioria das pessoas pensa da mesma forma e aborda o mesmo assunto de ângulos parecidos. Talvez a expressão "pense fora da caixa" esteja tão cansada que você nem mesmo a considere. Não deveria.

## 5. Em que data você publicará seu livro?

Se você não coloca uma meta extremamente clara para cada um de seus livros, eles não saem. Dizer que "quer escrever um livro" é uma meta muito fraca. Você precisa determinar que seu livro "estará terminado no dia 31 de dezembro às 23h59min." Antes de começar a escrever, estabeleça uma data de entrega razoável. Entenda como razoável um prazo que te permita produzir um livro de primeira sem que sobre muito tempo para relaxar.

## 6. Qual será o impacto do livro em seu futuro?

Daqui a três mil anos, quando uma raça super avançada encontrar vestígios da sua obra, como você quer ser reconhecido? Escritor algum vive de um livro só. Portanto, ao pensar em cada um deles, certifique-se de que contribua para o conjunto da sua obra. Nunca subestime a oportunidade de deixar ganchos para um próximo livro, para uma série, trilogia, quadrilogia etc. Reflita sobre o papel que o livro que você escreve neste momento terá no seu futuro.

## 7. Como você fará para que seu livro chegue às mãos de cada vez mais leitores?

Muita gente acha que basta publicar um livro e os leitores virão como abelhas em torno de um pote de mel. Puro sonho! O escritor de verdade trata seu trabalho como um negócio e, como tal, precisa ter compradores para ser sustentável. Esqueça aquelas falácias de que escritor só escreve, que marketing é coisa de editora, que vender é uma palavra muito comercial para quem cria arte. Reveja seus pensamentos limitantes. Deixar de se promover não é bom para você nem para seus leitores. Se você não se promove, nem promove seus livros, menos pessoas vão te ler. Ponto.

## 8. Quais são os possíveis desdobramentos do seu livro?

Tenho certeza que J.K.Rowling sabia ao escrever o primeiro livro da série Harry Potter que ele não caberia apenas em uma centena de folhas de papel bem encadernadas com capas do melhor papel couché e uma bela lombada. Seu livro pode virar filme, série, novela e muitas outras coisas. Pode ser traduzido para diversos idiomas, levar sua mensagem para outras culturas, seu livro pode mudar o mundo. Sonhar não custa nada. Ao se perguntar antes de começar a escrever quais os possíveis desdobramentos do seu livro, você vai encarar o projeto todo de uma forma completamente diferente. O comprometimento será outro.

## 9. O que você quer que os leitores façam após terminarem de ler seu livro?

As primeiras páginas de um livro fazem com que o leitor decida se continuará a leitura ou não. O sentimento ao terminá-lo será determinante para a compra do próximo. Entregue uma história surpreendente e deixe claro que vem mais por aí. Pense em como fazer com que o leitor fique ávido por seus próximos livros. Avalie se existe a possibilidade do livro fazer parte de algo maior e, caso positivo, deixe uma pista clara que a coisa não acaba ali.

## 10. Como você mede os resultados?

Antes de publicar um livro, defina como você vai medir seu sucesso. Pode parecer óbvio dizer que será determinado pelas vendas, porém, é preciso medir cada ação para saber o que deu certo ou não. Acompanhe regularmente os resultados de seu livro, antes, durante e depois do lançamento. Mais do que isto, monitore cada ação promocional que fizer para aprender o que funciona na hora de divulgar seu trabalho.

Qualidade e consistência são os ingredientes do sucesso. Faça-se estas perguntas antes de escrever cada livro e você criará melhores histórias com mais frequência e, o mais importante, sem se perder pelo caminho e abandonar o projeto por falta de motivação e foco.

Por fim, lembre-se sempre de girar pelo mundo das probabilidades. O improvável é um péssimo ingrediente para obras de qualquer tipo de ficção.

Por que você quer falar de universos incomuns?

# Como Ter Ideias Originais Para Um Livro Fantástico?

"Ficção científica não é sobre ciência.
É sobre desastres, que é um
dos temas mais antigos da arte".

*Susan Sontag*

Todas as histórias do mundo já foram contadas, inclusive as mais fantasiosas. Absolutamente todas. Portanto, o que você precisa fazer é recontar histórias sob o seu ponto de vista.

Uma atitude indispensável para um bom livro é escrever sobre aquilo que você gosta. Dificilmente você escreverá uma história de fantasia ou sobre a mais avançada das mais avançadas tecnologias se não gostar do assunto.

Se você não é um entusiasta, não entende exatamente o significado de ficção científica ou de aventuras de espada e feitiçaria, provavelmente será muito difícil escrever nestes gêneros. Você irá correr um sério risco de reciclar clichés.

Por isto, quero antes reforçar a necessidade de buscar inspiração para histórias, tramas, personagens, cenários e abordagens diferentes do que estamos acostumados a ler nos livros e assistir nos filmes do gênero.

Com todas as histórias já contadas, "sobre o que escrever"? - você me pergunta. Que tipo de trama pode se tornar um grande livro?

O impulso para começar a escrever geralmente vem de uma simples ideia. Você pode começar com um personagem, um conflito, um enredo, um cenário, um diálogo, uma ideia inovadora, uma descoberta da ciência, uma tendência, uma previsão, um palpite.

Por mais exótica ou extravagante que seja a especulação, o cenário, o impacto científico ou a feitiçaria que você deseja apresentar em sua história, ela não renderá um bom livro se este não possuir uma boa trama.

Portanto, vamos atualizar o aprendizado até o momento: boas histórias de ficção científica e fantasia dependem de uma trama poderosa recheada de impactos científicos ou mágicos que não fujam da esfera do provável.

Então, você pergunta: mas como viajar na velocidade da luz ou uma feitiçaria podem ser possíveis? Não se trata do "possível" segundo as condições universais de espaço, tempo, causalidade, qualidade, quantidade e substancialidade, mas do plausível. A plausibilidade está intimamente ligada a consequências.

Que graça tem um personagem que pode se tele transportar por infinitos planetas do Universo sem consequências? Considero Super-Homem um personagem fraco justamente por ser invulnerável. Batman é um herói muito mais atraente sob o ponto de vista ficcional por ser destrutível.

Desta forma, ao pensar em poderes dentro da sua trama, sejam eles científicos ou mágicos, cuide para que possuam vulnerabilidades. Poderes absolutos enfraquecem a narrativa.

Aristóteles explica com mais beleza: "Prefira as impossibilidades prováveis às possibilidades improváveis. O enredo não deve ser composto de partes irracionais. Tudo que é irracional deve ser excluído, se possível ou, em alguns casos, ficar fora da ação do drama. Mas, uma vez que o irracional foi introduzido e um ar de probabilidade lhe for atribuído, devemos aceitá-lo apesar do absurdo. Desta forma, o absurdo é velado pelo charme poético investido nele".

Porém, nada disto terá o mínimo valor se sua trama não for forte o suficiente.

Guerra nas Estrelas conta o drama de uma família no meio de um conflito nas galáxias. Blade Runner, que tem como base o livro "Androides Sonham com Ovelhas Elétricas?", de Philip K. Dick, fala das angústias de um policial para distinguir o que é humano enquanto se apaixona por uma Nexus-6. Fahrenheit 451 mostra as questões existenciais de um "bombeiro" que queima livros diante de uma sociedade hedonista e anti-intelectual.

Primeiro pense na trama, depois no recheio fantástico. Para isto, você pode "emprestar sinopses antigas". Esta fórmula é recomendada por Kal Bashir (www.kalbashir.com), um inglês especialista em narrativas que vai te surpreender com a similaridade de tramas entre muitos filmes bem sucedidos.

Histórias podem ser reescritas de diversas formas, transportadas para os mais diferentes cenários com personagens que acabam se tornando tão ou mais célebres que os originais.

Harry Potter é igual a Luke Skywalker. Ambos são órfãos, criados por tios e recebem um chamado por serem os escolhidos para salvar uma raça. Jedis e Bruxos têm poderes fantásticos. Eles descobrem suas habilidades, são treinados por mestres, ajudados por um casal e ameaçados por pessoas muito próximas de suas famílias. Harry pelo homem que matou seus pais, Luke pelo próprio pai dominado pelo lado negro da força. Ambos acabam combatendo aqueles que destruíram seus laços familiares.

A vulnerabilidade de um órfão é muito grande, por isto muitos personagens célebres não foram criados pelos pais. Quer exemplos, além de Luke e Harry? Peter Parker, Bruce Wayne, Clark Kent, Tarzan, Wolverine, Branca de Neve, Cinderela, Goku, James Bond, Bambi, Oliver Twist, Tom Sawyer, Huckleberry Finn, Heidi, Tom Jones, Jane Eyre, David Copperfield, Frodo Bolseiro. A lista é imensa.

Lembre-se apenas que personagens órfãos já se tornaram clichés. Você vai precisar usar uma abordagem extremamente original.

Voltando ao cerne da trama, uma das maiores lições que aprendi sobre a arte de contar histórias foi na escola. Você se lembra quando os professores nos pediam para contarmos como foram nossas férias?

Era tudo muito chato, pois a maior parte dos casos relatava eventos do tipo "fui à casa da minha avó" ou "viajei para a Disney". Não ficávamos ansiosos pela leitura das histórias dos amigos e muito menos motivados a contar as nossas. Até que, um dia, um professor modificou a pergunta para "O que deu errado em suas férias"?

Pronto! Nunca foi tão divertido ouvir as aventuras (e desventuras!) dos colegas. Cada história era mais interessante do que a outra. Também ficou mais gostoso sentar para escrever os acontecimentos, mesmo que tivéssemos que aumentarmos um pouquinho para tornar as coisas mais eletrizantes.

Quando estiver pensando na sua história, faça a mesma pergunta: "O que deu errado na vida dos personagens naquele universo paralelo, naquele mundo utópico, na utilização daquela invenção extraordinária, ao lidar com aquele tipo de magia?"

Aqui vão algumas sugestões para estimular sua história a descer do plano metafísico das ideias e encarnar no mundo físico das letras:

## 1. Especule

Uma das técnicas que mais gosto para "forçar" a inspiração a se materializar é perguntar "E se"? Ficção científica e fantasia não funcionam sem especulação. No entanto, o segredo está em pensar nas consequências e não na ciência, na magia ou no cenário.

Primeiro você pensa em como o mundo poderia ser diferente com a descoberta ou utilização de uma tecnologia específica ou de um tipo de feitiçaria. Depois, pensa nos estragos que podem ser causados por elas.

E se a humanidade vivesse em torno de uma rede cibernética virtual imersiva e os excluídos se tornassem párias nesta sociedade? E se Deuses mitológicos encarnassem em seres humanos na América para combater os novos Deuses que surgiram das obsessões com tecnologia, mídia, celebridade e drogas? Estas são as perguntas que William Gibson e Neil Gaiman fizeram antes de criarem Neuromancer e American Gods, respectivamente.

Levante uma questão profunda que perverta a realidade através da ciência ou magia ou em um mundo totalmente novo. Esta realidade alternativa pode ocorrer no futuro, no passado ou até mesmo em um presente distópico. Em 1986, Alan Moore imaginou uma América totalitária comandada por Richard Nixon no clássico "Watchmen".

Escreva algumas premissas sobre esta nova realidade. Defina:

- **Espaço e Tempo:** Explore a geografia e o período temporal. Onde e quando vivem seus personagens? Em uma cidade, país, planeta ou um novo mundo no passado, no futuro ou em um presente alternativo ou próximo? Crie uma ordem universal para o cenário. Torne tudo mais real. Você está convidando o leitor para um passeio em seu mundo imaginário. Eles deverão ser capazes de ver, ouvir, experimentar cheiros e gostos e sentirem-se nos lugares que você os levar.

- **Como as coisas funcionam:** Pense nas conexões entre causa e efeito da vida neste universo paralelo. Explore as possibilidades científicas, físicas, estatísticas, filosóficas, humanas, sociais, históricas e antropológicas. Segundo o princípio da causalidade, todo efeito tem uma causa. O que é possível e o que não é neste novo mundo? Imagine as regras deste novo mundo e siga-as com consistência.

- **Quantidade e Qualidade:** Explore premissas relacionadas à qualidade de vida de grupos distintos. Que diferenças sociais, culturais e políticas influenciam nos conflitos externos e interpessoais? Pense na quantidade de habitantes – tramas pós-apocalípticas, por exemplo, podem se passar em mundos onde a população foi quase exterminada ou sofreu uma explosão demográfica.

- **Substancialidade:** Como o cenário afeta a maneira com que os personagens agem, pensam, se relacionam e reagem às coisas? Explore as questões imprescindíveis para a sobrevivência (física, psicológica e socialmente) neste universo paralelo. Planejar estas variáveis a fundo pode render grandes ameaças na vida do seu herói.

Pense em ameaças à integridade física, psicológica e social do protagonista e também para seu grupo, raça, mundo, galáxia ou universo.

Um dos grandes baratos de escrever para o gênero está em examinar assuntos e conflitos atuais, principalmente políticos e culturais, sob a ótica de uma cultura alienígena ou em um futuro ou passado distantes. A transposição de temas correntes para universos paralelos é uma ótima fonte para boas histórias.

Fuja com toda a sua vontade dos clichés. O gênero é, talvez, o mais repleto deles.

A não ser que surja uma abordagem extremamente original, evite discos-voadores sobrevoando um monumento famoso, um bar espacial onde diversas raças se encontram, a reunião do Conselho Intergaláctico, o computador que explode ao tentar resolver um enigma, o resgate ou a bomba desativada no último minuto e qualquer tipo de computador onipotente, onisciente e onipresente.

Mantenha-se longe das profecias e enredos sobre "o escolhido", dos paradoxos nas viagens temporais, dos sábios de aparência frágil que são mais poderosos que todos os outros guerreiros juntos, do vilão que almeja a dominação ou aniquilação do Universo.

Se você acha que sua ideia é genial e original, antes de escrever qualquer coisa, faça uma busca no site abaixo. Ele contém uma lista, em inglês, dos clichés mais batidos da ficção científica, das tramas aos cenários, dos recursos de enredo até a mais esdrúxula ciência:

http://tvtropes.org/pmwiki/pmwiki.php/Main/TheGrand ListOfOverusedScienceFictionCliches

## 2. Pense nos Subgêneros

Ficção Científica é um planeta. Ao aterrissar, você descobrirá uma diversidade de subgêneros que podem ser o ponto de partida para a premissa de sua história. Os subgêneros são:

**Pós-apocalíptico:** a humanidade deve enfrentar as consequências de algo devastador. O que aconteceu depois do fim do mundo?

**Fantasia Científica:** mistura ficção científica com romance, suspense, mistério ou até mesmo gêneros mais distantes, como Westerns.

**Fantasia Religiosa:** ciência e religião são irmãos que se odeiam. A versão ou subversão espiritualizada da ficção tem como base histórias que especulam sobre a fé, os dogmas e crenças de uma religião.

**Espada e Feitiçaria:** guerreiros, bárbaros, feiticeiros e princesas se encontram em versões fantásticas da Idade Média ou anteriores da civilização.

**Ciência Fantasiosa:** altera ou ignora as leis científicas em prol da história. É um subgênero que necessita de muito cuidado, pois toca o implausível. Um exemplo é "John Carter", que praticamente ignora as causas e efeitos da "vida" em Marte.

**Contatos Imediatos:** explora as relações interpessoais entre humanos e aliens, na terra ou no espaço, que podem ter resultados bons, como um ET que faz amigos, ou maus, como uma invasão, por exemplo.

**Cyberpunk:** um universo futurista mistura hackers, computadores e humanoides com alta tecnologia em sociedades muitas vezes sombrias e totalitárias. Ambientes virtuais, partes biônicas e implantes de softwares são comuns.

**Hard Sci-Fi:** é caracterizado pelo interesse nos detalhes e precisão científica e é mais influenciado pelas ideias do que caracterização. A plausibilidade é importante no enredo, o que aumenta a necessidade do autor compreender a fundo os princípios científicos envolvidos.

**Sci-Fi Cômica:** aproveita-se de qualquer subgênero para construir uma paródia, usando o bom humor para descrever viagens além do espaço, das dimensões e do tempo.

**Ficção Científica Militar:** explora o combate entre adversários cientificamente diferentes em mundos distantes no espaço e/ou no tempo. Homens contra robôs, robôs contra ETs, ETs contra mutantes, enfim, coloca dois ou mais grupos em batalhas de alta tecnologia.

**Futuro Próximo:** os eventos ocorrem no presente ou em um futuro muito próximo com elementos familiares da nossa época e tecnologias conhecidas ou em desenvolvimento.

**Soft Science:** foca nas mudanças sociais e psicológicas resultantes das interações inter-raciais em universos paralelos ou mundos distópicos. É também conhecido como Ficção Científica Sociológica.

**Óperas Espaciais:** mocinho contra bandido - na maioria das vezes alienígenas - no espaço. Naves são cavalos, duelos são a laser e o cenário uma galáxia distante.

**Viagens Temporais:** personagens viajam para o passado ou para o futuro ou recebem visitantes provenientes de um ou de outro. Como era ou como será, questões paradoxais e adulteração do passado são os temas comuns deste subgênero.

## 3. Leia

Larry L. King, autor do clássico "A Melhor Casa Suspeita do Texas" disse, certa vez que quando não estava escrevendo ou reescrevendo, estava lendo. Não conhecia outro atalho para escrever bem. Nada melhor para ajudar a escrever do que ler. Você pode assistir a um filme, mas não é a mesma coisa. É importante que recrie em sua mente o que o texto sugere, algo que um filme já traz pronto.

Em um livro, as cenas se passam dentro da sua cabeça e não diante de seus olhos. Além disso, você poderá avaliar como a forma com que o autor compôs a cena foi capaz de te causar sensações. Faça anotações: O que te capturou na cena? Como ela te emocionou? O que te causou espanto? O que foi capaz de abalar sua credulidade?

Leia "Androides Sonham com Ovelhas Elétricas?", de Philip K. Dick, "O Senhor dos Anéis", de J. R. R. Tolkien, e "Laranja Mecânica", de Anthony Burgess. Leia "Fahrenheit 451", de Ray Bradbury, "A Série da Fundação", de Isaac Azimov, e "2001: Uma Odisseia no Espaço", de Arthur C. Clarke. Leia "Neuromancer", de "William Gibson", "1984", de George Orwell, e "Duna", de Frank Herbert. Leia tudo de Julio Verne.

## 4. Pense em Conflitos

Lembra-se da redação sobre as férias? Muito bem, responda: "O que deu muito errado para seu protagonista? Para superar o problema, ele passou por que tipos de conflitos?" Conflitos podem ser internos (dúvidas, angústias, medos), externos (uma guerra, um problema da nave ou a perda de um artefato mágico) ou interpessoais (um amigo que pensa diferente, um parente com desejo de vingança).

Pense no maior conflito que uma pessoa possa ter que enfrentar em um mundo, sociedade ou cultura diferentes. A destruição daquele mundo ou da galáxia inteira, intrigas, o espaço, o tempo, enfim, um obstáculo que pareça intransponível.

Ao surgir uma inspiração, pergunte-se: "o que você faria se estivesse diante deste conflito?" Escreva a resposta e depois tente escrever analisando por um ângulo oposto, o primeiro passo para criar seu vilão.

## 5. Preveja o futuro

Ficção científica requer pesquisa. Não uma pesquisa simples como cenários para uma trama que se passa nos dias atuais. Você precisa pesquisar o futuro. Porém, não é necessário ter poderes paranormais ou recorrer a um vidente para isto. Você só precisa manter suas antenas ligadas e desenvolver uma mente curiosa, o que não é muito difícil.

Você pode começar assinando a newsletter do Kurzweil Accelerating Intelligence (http://www.kurzweilai.net/). Leia e analise as tendências, que se dividem em dois grupos: as que serão e as que podem ser. Ambas rendem muito pano para a manga ao misturar ficção e ciência.

Depois, faça uma espécie de antecipação. Determine o grau de probabilidade que elas têm de acontecer e em quanto tempo. Logo em seguida, pegue uma das tendências e reinvente-a, busque uma nova forma de fazer algo que ninguém pensou. Garanto que Julio Verne fazia isto.

Procure olhar para onde a manada não está olhando. As grandes invenções, muitas vezes, estão na contramão do pensamento dominante.

## 6. Reinvente o Passado

As grandes civilizações perdidas, como Atlântida, a Idade Média e muitos outros lugares e Eras da história já inspiraram diversos autores. Tolkien e Martin criaram suas séries reinventando universos medievais em continentes fictícios com geografia, povos e culturas que não podemos acreditar que não existiram. Martin chegou ao ponto de encomendar a um linguista a criação de idiomas específicos para seu mundo de Westeros.

Pegue livros de história, estude um período ancestral específico e construa um novo mundo com base em suas principais características. Desenhe um mapa com as divisões sócio-políticas e defina as características dos povos que habitam estas terras imaginárias. Crie a bandeira ou brasão, a língua falada. Defina o regime de governo, moeda e outras características dignas do saudoso Almanaque Abril.

Isto também serve para histórias no espaço. No caso, povos civilizados e bárbaros podem habitar planetas ao invés de países ou continentes diferentes.

Tanto na previsão do futuro quanto na reinvenção do passado, lembre-se apenas que nada disto terá valor se você não pensar em conflitos devastadores para os personagens que lá habitam.

Enfim, ideias podem surgir de todos os lugares. Anote-as, rabisque suas tramas e coloque seus conflitos em uma lista no papel ou na tela do computador.

## Exercício – Pense em Cenários e Conflitos

Imagine um universo paralelo no passado, em um presente diferente ou no futuro. Pense no impacto científico de uma invenção tecnológica ou de um tipo de magia. Mude uma lei existente do Universo ou um grande evento histórico. Pergunte-se que tipo de conflito pode ser devastador para tal Universo imaginário e responda às questões abaixo com tudo o que lhe vier à cabeça, sem julgar se é bom ou ruim:

- Que obstáculos internos um personagem pode enfrentar neste mundo ou era? A angústia de ser órfão e morar em um planeta selvagem, por exemplo?

- Que obstáculos externos podem dificultar as coisas para ele? Uma guerra iminente entre Império e República?

- Que obstáculos interpessoais podem complicar ainda mais a situação? Um vilão muito próximo da sua família?

Não. Não copie Guerra nas Estrelas. São apenas exemplos.


## Principais Lições

- Pergunte-se "O que deu errado?" A resposta pode render grandes histórias.

- Recrie com base em histórias famosas. Estruturas poderosas funcionam com personagens, tramas e cenários diferentes.

- Leia bastante. Dos clássicos aos contemporâneos.

- Conflitos constituem a espinha dorsal de uma boa história.

- Pergunte-se "E se?" para gerar ideias matadoras para seus livros.

- Pesquise tecnologias e preveja o futuro tomando como base tendências prováveis e tendências possíveis.

- Reinvente uma civilização com base na história da humanidade e crie todo um universo para ela.

# Como Criar Personagens Convincentes

"Eu gosto dela. Eu poderia olhar para ela o resto da minha vida. Ela tem peitos que sorriem".

*Philip K. Dick*
*em "Androides Sonham com Ovelhas Elétricas?"*

Um bom livro requer bons personagens que precisam convencer o leitor de que são reais. Um protagonista que o leitor ame, um vilão que ele odeie e personagens secundários que contribuam para o bom andamento da trama são fundamentais para um bom livro.

Para escrever um personagem autêntico são necessárias muitas reflexões e análises. Para começar, um bom exercício é descrever uma pessoa desconhecida. Comece a descrevê-la iniciando pelas características mais peculiares. O que mais desperta sua curiosidade nela? Utilize imagens fortes. Por exemplo, ao invés de dizer "ele tinha o nariz empinado", prefira "seu nariz bem delineado apontava na mesma direção de seu ego".

Mais do que descrever aspectos físicos, educação e ocupação, descreva seus conflitos, dilemas, oportunidades, escolhas, ações e seu passado. Responda: o que você deseja que o público sinta em relação aos seus personagens? Amor, compaixão, ódio, pena?

Exercite o hábito de reconhecer personagens interessantes ao seu redor. Desconhecidos são ótimas fontes de inspiração, principalmente para descrever maneirismos. O formato do nariz, da boca, dos olhos e das orelhas, as formas do corpo, como suas roupas são ou não adequadas aos seus tipos físicos.

Não aposte muito nas roupas para definir uma personalidade. Embora o que vestimos possa refletir quem somos, ao criar uma espécie de comunicação não verbal, muitos escritores utilizam este recurso como um atalho preguiçoso.

O escritor comprometido utiliza recursos literários mais poderosos para construir um personagem consistente: metáforas, analogias e antropomorfismo são alguns recursos que podem te ajudar a colocar camadas de personalidade mais densas sobre ele. Evite descrevê-lo apenas com adjetivos, coloque-o em ação e revele sua personalidade através de seus atos.

O universo da ficção científica e da fantasia permite a criação de personagens incomuns. No entanto, por mais que ele seja um humanoide, um alien, um ogro, um mutante ou um robô, se você não lhe der algumas características humanas, isto não gerará identificação por parte do leitor, o que pode torná-lo inverossímil ou distante demais.

Tente fugir dos estereótipos de gênero, sexualidade, situação econômica, raça ou qualquer outra generalização. Estude bem os arquétipos e "desenhe" seus personagens com foco em suas características psicológicas e comportamentais.

Leia, observe, converse e pesquise. Faça o possível e o impossível para que os personagens não sejam tipos comuns ao seu meio, que falem ou se comportem como você. Nada pior do que o lugar-comum para criar tipos. Fique atento também para não errar a mão e ir muito longe, o que pode resultar no oposto, o exagero implausível.

Para colocar-se de verdade no lugar de um personagem, é preciso ir além de você mesmo e do que você pensa. Faça as reflexões que pessoas parecidas com seu personagem, mesmo ele sendo um alienígena invasor, poderiam fazer sem julgar, sem sentir raiva ou generalizar. Mesmo que as ações e escolhas que elas façam sejam odiosas para você.

Isto é ainda mais importante quando estiver pensando no antagonista. Muitos autores pecam por generalizar ou simplificar demais seus vilões, justamente por não conseguirem se transportar para seus modos de pensar e agir.

Vamos, agora, mergulhar nos personagens presentes em toda trama: o protagonista, o antagonista e os coadjuvantes.

## O Protagonista

Toda trama tem um quê de tragédia, já diziam os gregos. Uma tragédia na sua forma mais teatral e autêntica. Guerra nas Estrelas é uma tragédia no espaço, Neuromancer é uma tragédia cyberpunk.

Toda tragédia nasce de más escolhas, erros graves ou falhas de caráter de alguém. O protagonista de uma trama coloca sua vida, alma ou sanidade em perigo por conta de conflitos internos, externos ou interpessoais. A transformação, a mudança que o personagem sofre no decorrer, é a chave de uma história bem contada.

Conflitos internos - como vergonha, medo, ansiedade – são transformadores e, quanto mais profundos, mais poderosa será a mudança. Os conflitos internos são gerados pela necessidade de aceitação, de pertencer a um grupo social, de amar e ser amado, de liberdade, felicidade, prazer e perdão.

Rick Deckard, o caçador de androides do romance de Philip K. Dick, deseja um animal de estimação de verdade, mas seus ganhos não permitem nada além de uma ovelha elétrica. Na sociedade de Los Angeles pós-apocalíptica da trama, os "pets" de carne e osso são símbolos de status, o indicador de uma classe social mais alta. Deckard busca aceitação.

Conflitos externos - como inimigos e problemas pessoais - são ótimas formas de apresentar seu herói. São geralmente associados com a necessidade de sobrevivência e justiça geradas por causas externas, como guerras e incompatibilidades culturais e sócio-políticas.

Gui Montag, o "bombeiro" incendiário de Fahrenheit 451, conhece as punições por guardar livros e, mesmo assim, decide infringir a lei vigente ao se descobrir um amante da leitura e passar a questionar sua sociedade.

Conflitos de relacionamento – problemas com pai ou mãe, com um superior ou inferior – são, basicamente, a interposição de conflitos internos e externos. No entanto, a esfera dos embates interpessoais merece ser vista como um terceiro tipo de conflito.

Um bom herói, como todo ser humano, não é perfeito. Ele tem um defeito que acabará o colocando-o no meio do furacão (sem tubarões, por favor!).

Antes de colocar seu herói em risco, faça o leitor se apaixonar por ele. Torne-o humano, simpático, motivado, habilidoso.

Não existe forma mais poderosa de caracterização do que a ação. Nós formamos opinião sobre uma pessoa mais com base no que ela faz do que em sua aparência física. Portanto, ao invés de chatear seu leitor com descrições repletas de adjetivos, faça com que seu personagem aja para reforçar sua personalidade. Dê-lhe atitude!

Ao invés de dizer que seu herói é violento, faça-o esmurrar alguém. Nós nos lembramos dos personagens com grandes feitos e esquecemos rapidamente aqueles que usam fardas azuis ou cuja comida predileta é pizza.

Coloque-o em movimento e atire-o, junto com o leitor, para dentro da história. Envolva-o em suspense, em algo que obrigue o leitor a querer saber mais sobre ele.

Faça-o interagir com o universo fantástico que o rodeia, utilizar armas ultramodernas em batalhas épicas, viajar na velocidade da luz ou degolar o feiticeiro na beira da estrada. Porém, mais do que tudo, faça o herói que você ama tomar decisões que você nunca tomaria.

Cientistas costumam render bons protagonistas do gênero justamente porque permitem explorar as variáveis da especulação de forma mais natural, sem precisar despejar informações no colo do leitor.

Descubra o que seus personagens amam e o que temem. Tente entender o que os move, o que querem e necessitam e também defina o que os traumatiza.

Antes de colocar seu herói em conflito com o antagonista, coloque-o em conflitos internos que causem ações indesejadas, que o tirem da normalidade e o coloquem na rota de colisão com seu destino.

Mas atenção, quando ele estiver em grande perigo, é preciso passar esperança ao leitor de que ele irá sobreviver. A esperança é um grande fio condutor de tramas e serve como válvula de escape para a tensão.

## O Antagonista

Em uma trama forte, e veremos isto em detalhes mais adiante, o protagonista precisa confrontar a morte. Desta forma, o antagonista precisa ameaçá-lo, colocando sua integridade física, psicológica ou social sob risco constante. Darth Vader é uma ameaça física e psicológica para Luke.

Um antagonista forte possui um objetivo infernal. Qual é a principal função do seu vilão? Ser simplesmente um obstáculo para o herói ou um catalisador para a sua mudança? Lembre-se que Satan significa "obstáculo" em hebraico e é para isto que servem os vilões. Eles precisam criar uma energia oposta tão grande para o herói capaz de fazê-lo pensar em desistir de seus objetivos.

O vilão é um dos condutores da história. Sem ele, seu herói não supera barreiras, não se transforma. Ele é o lado sombrio do herói, seu oposto. O herói geralmente simboliza a vida e o vilão representa a morte. Vilões não necessariamente precisam ser maus, podem ser simplesmente o oposto do herói. No entanto, ficção científica e fantasia são gêneros que geralmente requerem vilões clássicos.

Alex, o ultraviolento integrante de uma gang em "Laranja Mecânica", Roy Batty, o líder dos androides replicantes de Blade Runner, e Darth Vader são vilões que entraram para a história porque foram construídos com camadas humanas de personalidade. Apesar da maldade, possuíam algo que os fazia não transitar exclusivamente pelo lado negro da força. A pior caracterização possível para um vilão é o maniqueísmo, uma visão oposta extrema sem nuances.

Da mesma forma que seu herói tem falhas de caráter, seu vilão pode ter virtudes, o que torna a trama menos maniqueísta e mais realista. Dê a ele um hobby, um animal de estimação ou algo que goste para torná-lo gente como a gente.

No entanto, ele precisa estar envolto com uma camada de obscuridade. Você não deve permitir que o leitor descubra seus objetivos muito depressa. Explore suas intenções, suas motivações e mantenha-o sob uma aura de mistério pelo maior tempo possível. Um vilão pode ser muito mais interessante se, durante parte da história, for considerado bom ou confiável por outros ou até mesmo pelo herói, o caso do supercomputador HAL-9000 da odisseia espacial de Arthur C. Clarke.

Crie um monstro, uma ameaça, um computador megalomaníaco ou apenas um homem mau. Crie um alienígena, um androide revoltado, um guerreiro invejoso ou uma aberração da natureza humana ou extraterrestre. Utilize todos os bons recursos literários para cobrir seu antagonista com camadas de personalidade, sem o transformar em uma simples caricatura do Mal. O leitor precisa acreditar nele e, sobretudo, temê-lo.

Uma maneira prática de criar um antagonista consistente é fazer o que chamo de "linha do tempo do vilão". Responda o que ele já fez - o que aconteceu de tão traumático e devastador em seu passado (dê razões para ele ser quem é) e o que o corrompeu (quais serão suas ações explícitas ou implícitas ao longo da história, o que ele pretende).

Assim como a protagonista trabalha para a trama andar, o antagonista também deve trabalhar para isto. Todos os personagens são acorrentados ao universo que você cria. O antagonista deve explorar este mundo, contornar as regras de alguma forma, seja por conta da ignorância sobre elas ou deliberadamente para atingir seus objetivos.

Por fim, considere uma boa punição ou até mesmo uma grande redenção para seu antagonista na proporção dos males que causou. Isto satisfaz os leitores.

## Os Coadjuvantes

Os personagens secundários são fundamentais para qualquer história. Assim como fez com o protagonista e o antagonista, monte o perfil dos principais coadjuvantes.

Cuidado para não cair no erro de fazer com que tenham as mesmas motivações dos heróis. Dê a cada coadjuvante pelo menos uma característica única e marcante. Escreva sua história paralela, suas origens, o que faz durante a trama, qual é seu principal objetivo.

Certifique-se de que cada um deles tenha formas de pensar e de agir distintas do herói e do vilão. Mais do que isto, evite transformá-los em arautos da virtude ou vigilantes autoritários dos defeitos dos protagonistas ou antagonistas.

Um dos segredos para apresentar personagens secundários é introduzi-los em duas etapas na história. Na primeira, coloque-os em segundo plano, apenas com uma breve descrição no contexto de uma ação do herói. Na segunda, descreva-o com mais detalhes e traga-o para o primeiro plano.

Além disto, concentre-se no que eles representam para o protagonista, o ponto focal do leitor. Faça também com que se transformem ao longo da história. Um personagem secundário que sofre uma mudança é muito mais interessante do que um que permanece do mesmo jeito do início ao fim.

Outro bom ponto de partida é trabalhar com arquétipos. O termo arquétipo (*arché* + *tipós*) tem origem na Grécia antiga e significa "modelo original". Um arquétipo possui características semelhantes, copiadas ou emuladas em várias pessoas. O termo também é utilizado na filosofia e na psicologia.

Apesar de existirem diferentes tipos, Karl Jung definiu doze arquétipos que representam as principais motivações humanas:

1) **O Inocente**, cujo principal objetivo é ser feliz.

2) **O Órfão**, cujo desejo é pertencer a um grupo ou família.

3) **O Herói**, que deseja melhorar suas habilidades para salvar o mundo.

4) **O Cuidador**, que protege e ajuda os outros.

5) **O Explorador**, que almeja uma vida melhor, mais autêntica e realizada.

6) **O Rebelde**, que confronta as regras e combate o que não funciona.

7) **O Amante**, cujo objetivo é se relacionar com pessoas e ambientes que ama.

8) **O Criador**, que busca a realização de sua visão.

9) **O Bobo**, que deseja se divertir e alegrar o mundo.

10) **O Sábio**, que usa sua inteligência e capacidade analítica para entender o mundo.

11) **O Mágico**, cujo maior desejo é fazer os sonhos se tornarem realidade.

12) **O Dominador**, que tem como principal meta exercer seu poder.

Cada personagem precisa ter sua missão muito bem definida na história. Questione sua relevância para a trama. Planeje-os muito bem. Pense e reflita sobre eles. Então, se vista deles e coloque-os em ação para descobrir quem realmente são.

Um personagem secundário muito utilizado é o "O Bobo", justamente porque permite certo alívio cômico nas tramas. C3PO, Philippe Gaston, Samwell Tarly e Peregrin "Pippin" Took são alguns bons exemplos no universo fantástico da ficção.

Ficção científica e fantasia, talvez mais do que qualquer outro gênero, requerem originalidade na criação de personagens. Humanoides, Mutantes,

Robôs, Criaturas Intergalácticas, Dragões e outras espécies intra ou extraterrenas necessitam de uma abordagem atípica, para não caírem no cliché.

A criação de personagens não humanos é uma arte. Aqui vão três dicas para construir seres fantásticos originais que despertam a curiosidade do leitor:

**1. Crie diferenças físicas e psicológicas claras:** pense em características que os diferenciem física, mental e até mesmo espiritualmente dos seres humanos. Estas características precisam ser fortes, mas é preciso tomar cuidado na hora de apresentá-las ao leitor. Apresentar uma diferença em um momento chave da trama – uma habilidade única que salva o herói de uma ameaça, por exemplo – é uma forma interessante de descrever tais diferenças sem apelar para a informação descritiva chata. Sob o ponto de vista psicológico e espiritual, as diferenças podem até ser mais sutis. No entanto, o leitor precisa ter a certeza de que não se trata de um humano.

**2. Crie identificação:** o leitor precisa se identificar com eles de alguma forma. Por mais estranhos ou exóticos que sejam, personagens não humanos devem possuir alguma característica capaz de gerar empatia no leitor. Apesar de suas personalidades poderem pertencer a um ser humano, devem existir diferenças em seus pontos de vista. Como exercício, pense em um conhecido seu e cubra-o com a pele de um habitante de Voráxia.

**3. Crie indivíduos:** quando estudamos um povo ou uma raça, tendemos a nos concentrar em suas características gerais, o que é determinante para sua identificação, é claro. Mas isto nos faz cair em generalizações. Na vida real e na ficção, o fato de pertencer a uma raça não significa que todos precisem agir e pensar da mesma forma, como se fossem parte de uma espécie de consciência coletiva. Vale muito mais a pena, apesar de ser mais trabalhoso, criar personagens de raças inimagináveis que possuem pensamento, aparência e crenças individuais.

No mais, durante o processo de escrita é crucial ficar em contato diário com seus personagens para manter a intensidade de cada um e não perder o fio da meada. O grande segredo está em encará-los como indivíduos ao invés de tipos.

Os protagonistas precisam despertar o interesse, incentivar o envolvimento e fazer seu leitor se divertir e se apaixonar por eles. Isto só acontecerá se o leitor souber o que está acontecendo dentro deles, se se preocupar de verdade com eles ou conseguir enxergar uma oposição crescente que os ameace.

Bons personagens são aqueles que são dedicados a algo – uma pessoa, um grupo, um ideal. Até mesmo os vilões se tornam muito mais simpáticos quando apresentamos alguma coisa que eles amam.

Crie um motivo forte para seu leitor se apaixonar por seus personagens e ele devorará seu livro e séries inteiras.

## Exercício – Planejando Seus Personagens

No centro de toda história existe um personagem. Responda:

1.  Qual é o principal objetivo do seu protagonista?

2.  Que obstáculos internos ou externos impostos pelas forças antagônicas poderão dificultar sua realização?

3.  Como ele planeja superar estas dificuldades para realizar seus desejos? O que irá motivá-lo?

4.  O que acontece se ele não conseguir?

5.  Qual será a grande mudança em sua vida depois dele atingir seu objetivo?

6.  Descreva o passado do seu protagonista. Como este passado o afeta no momento da história?

7.  Quais são seus defeitos e virtudes?

Para desenvolver as forças antagônicas, responda:

1.  Qual é a história pregressa do (a) antagonista?
    O que fez, quais são seus objetivos e o que
    fará ao longo da história?

2.  Como seus objetivos colidem com os do
    herói?

3.  Qual é sua fraqueza e como será derrotado ou
    redimido?

Em seguida, crie dois ou três personagens secundários que ajudem a história a se mover. Responda ao questionário acima para cada um deles tomando cuidado para que não sejam "espelhos" do herói ou do vilão. Use arquétipos para facilitar.

Por fim, faça uma lista de cenas de ação que possam ser utilizadas para mostrar quem são. Não julgue se são cenas boas ou ruins, apenas liste o que vier à sua cabeça. Libere sua veia criativa.

## Principais Lições

- Crie personagens realistas. Ninguém é perfeito e o que rende uma boa história é a imperfeição humana, seus defeitos.

- Coloque seu herói em conflitos internos, externos e interpessoais no caminho dos seus objetivos.

- O maior vilão, por mais que seja um monstro alienígena devorador de mentes, precisa ter algum elemento humano. O melhor antagonista é aquele que "se acha" o protagonista da história.

- Bons coadjuvantes requerem objetivos diferentes dos heróis e dos antagonistas.

- Criaturas fantásticas atraentes possuem características físicas e psicológicas diferentes dos seres humanos. No entanto, é necessário que o leitor sinta alguma empatia e que cada criatura seja um indivíduo com seus próprios objetivos e voz própria.

# Tempo e Espaço
# O Universo da Trama

"É dos sentidos que procede toda
a autenticidade, toda a boa consciência,
toda a evidência da verdade."

*Friedrich Nietzsche*

A razão pela qual muitos leitores escolhem ficção científica é porque eles querem deixar a realidade cotidiana para trás e serem transportados para um mundo completamente diferente.

Na ficção científica e na fantasia, o cenário não é apenas um pano de fundo para a ação. É fundamental para a composição do todo e para a identificação do gênero.

Descrever um cenário talvez seja a tarefa mais dura para um escritor. É mais difícil ainda no caso de um livro de ficção científica, que requer tanto ou mais personalidade e história pregressa que um personagem. Afinal, o universo paralelo é a base da especulação.

Lembre-se que você está lidando com a suspensão da descrença. Então, conheça a fundo as regras e conceitos que fazem seu mundo funcionar, pesquise e planeje muito bem. Isto evita que você quebre as regras de forma acidental.

Você precisa transportar seu leitor para lá.

Um local exótico, muito comum no gênero, merece uma descrição detalhada. Em algumas partes das histórias, o lugar é quase tão importante quanto os personagens que o habitam e, portanto, merecedor de um nível de descrição à altura do contexto. Noutras, servem apenas como suporte para a ação e não precisam de muitos detalhes.

Sendo simples e direto, se a descrição acrescenta algo relevante para o desenrolar da história, inclua. Do contrário, seja breve e apenas relembre alguns detalhes para situar o leitor. O contexto é relevante quando:

- Faz a história andar.
- Transmite informações que fazem os personagens se moverem.
- Passa o humor ou o tom que você deseja para a cena.

Na ficção científica e na fantasia, o cenário é tão importante quanto um personagem. Um planeta de areia, uma estação espacial mortal, uma megápole pós-apocalíptica dominada por máquinas, um submarino atômico com ideias próprias ou uma floresta enfeitiçada são exemplos conhecidos.

Ao tratar o ambiente como um personagem, com intenções, motivações e algum tipo de sensibilidade, você o traz à tona com força e capacidade de fazer seu leitor imergir sem descrença. Além disto, pergunte-se: Qual é a importância do local na transformação do herói?

O segredo para descrever cenários interessantes é fazê-los interagir com os personagens ou mostrar como estes se sentem diante daquele local. Torne o espaço ativo, faça o tão necessário para a narrativa quanto qualquer outro elemento e use os sentidos para tornar a cena real. Faça o leitor sentir-se no ambiente.

Isto é muito mais fácil para quem escreve romance ou histórias que se passam no mundo como o conhecemos. Em nosso caso, não adianta descrever o encontro entre dois alienígenas no saguão do Hotel Netuno Alfa que fica em Arvej, capital do Planeta Stelia, se antes você não descreveu tal mundo, suas cidades e construções. Ainda mais se a reunião se dá no ano 2354-B.

Você precisa construir o espaço e o tempo da civilização do zero para que o leitor não coloque a cabeça para fora do Mar da Crença. Você precisa mergulhá-lo nos valores políticos, culturais e religiosos do ambiente em questão antes de colocar seus personagens em ações triviais em uma lua de Júpiter.

Outra preocupação que merece destaque é o meta-cenário, aquela sensação que vai além do lugar. Até que ponto suas próprias percepções e perspectivas filosóficas e morais poderão influenciar a visão do leitor na descrição do cenário?

No momento da descrição, tudo começa com a escolha das palavras. Evoque um estado de espírito de assombro com arranha-céus capazes de ludibriar os olhos mais treinados, naves que deslizam sobre estrondos, salas que transpiram o cheiro asséptico da alta tecnologia e tele transportes ou máquinas do tempo que reviram até os estômagos mais treinados.

A melhor forma de fazer isto é:

- Utilize palavras que transmitam sensações de espaço, tempo e energia.
- Use palavras hipnóticas, que apelam para os sentidos visuais, auditivos e sinestésicos do leitor.
- Use verbos que remetam a estímulos sensoriais.

Pinte um quadro na mente do leitor. Abaixo, segue o exemplo de uma descrição que utiliza palavras sensoriais (em negrito) para criar imagens na cabeça:

*"O **peso** do aço **luminoso** que revestia a nave em **repouso contrastava** com o **vazio gelado** da paisagem. Uma calmaria **estremecia** o **horizonte** em **clarões** carregados de **silêncios**. No céu, as **imponentes** luas de Eolys pareciam **lutar** no **ritmo** das nuvens **dissonantes"**.*

Outra boa descrição de cenário é quando ajuda a descrever o humor do seu personagem. Isto não significa colocá-lo em um lugar quente e agradável, quando está feliz, ou em um ambiente chuvoso e cercado de névoas, quando está triste. Tudo depende do tom e do contexto. Um dia ensolarado pode aquecer seu coração ou zombar de sua dor. Uma noite gélida pode congelar sua espinha ou renovar sua coragem.

Considere a relevância do cenário para a cena e para a trama. Antes de pensar no lugar, defina qual é o objetivo da cena. A criatividade na escolha da ambientação é uma peça importante para valorizar o enredo. Universos fantásticos merecem descrições a altura.

Deixe seu personagem "atuar" nos lugares, fazer as ações necessárias, como escapar do vilão, por exemplo. Imagine que ele esteja em um cruzador espacial e o vilão seja um alienígena sanguessuga. O que pode tornar a cena mais dramática? Uma tempestade espacial? O herói não suportar ver sangue? Descreva o cenário com palavras que reforcem a ação de fuga e crie imagens na mente do leitor através de sons, cheiros e sensações físicas.

Adicionar complexidade também pode dar mais significado à cena. Objetos, móveis, iluminação, temperatura, arquitetura, geografia e figurantes podem torná-la mais real e convincente. Tome cuidado, apenas, para não interromper o fluxo da ação ou o clímax com detalhes insignificantes. Faça o cenário trabalhar para a trama. Passe ao leitor a sensação do local, case com a ação e siga em frente.

Outra questão é quando inserir uma descrição cenográfica. Inclua na primeira cena somente se o local for de extrema importância para a trama. Descreva quando for fundamental para o objetivo da cena e da história. É sempre importante situar o leitor. Se não fizer isso, eles podem se sentir perdidos.

Por fim, siga o conselho de Elmore Leonard: "Deixe de fora a parte que os leitores tendem a ignorar". Descrições maçantes de lugares e paisagens fazem parte desta lista, mesmo que sejam visões fantásticas. Quanto mais tempo você se prender em coisas irrelevantes, mais os leitores irão se cansar. Se passar do ponto, eles podem se cansar de vez e deixar o livro inteiro de lado.

Defina também o período de tempo e a época em que se passa sua história. Ficção científica e fantasia requerem um passado remoto, um futuro distante ou uma versão diferente do presente.

Faça pesquisas mais profundas para situar a trama no tempo e no espaço. Estude bem lugares e épocas para não cometer gafes.

Ao escrever ficção científica, você pode criar personagens convincentes e um enredo poderoso, mas a menos que transporte seu leitor para um mundo diferente e faça-os acreditar piamente em sua existência e experimentá-lo como se fosse um lugar real, dificilmente conseguirá manter seu interesse.

## Exercício – Aprimore a Cenografia

1) Onde se passa sua história? Se possível, crie um mapa detalhado.
2) Em que época?
3) Faça uma lista de lugares fantásticos que possuam relação com o enredo.
4) O que poderia dar errado em cada um destes lugares?
5) Imagine que você acabou de chegar a um destes locais. Abra todos os seus sentidos e pense em possíveis descrições como formas de explorar este pequeno universo fictício. Que cheiro você sente? Que sons você ouve? Que sensações seu corpo e sua pele experimentam?

Quando estiver pensando em uma cena específica, antes de sair descrevendo o cenário, pare e pense:

1) Qual é o objetivo da cena?
2) O que está acontecendo com seu personagem? Onde ele está? O que está fazendo?
3) Como o cenário pode realçar suas ações e reações, seus sentimentos e conflitos?
4) O que o cenário tem a oferecer para tornar a ação mais tensa e interessante?

## Principais Lições

- Evite as descrições chatas e irrelevantes de locais e paisagens a não ser que sejam imprescindíveis para a cena ou realmente a enriqueçam.
- Faça o cenário interagir com o personagem para transmitir seu humor ou o tom da cena.
- Use palavras que sirvam como estímulos sensoriais para descrever cenários.
- Seja relevante. Faça o cenário contribuir para tornar mais dramática a ação do herói.
- Em uma narrativa, cenários fazem parte das descrições onde menos é sempre mais. Seja preciso, mesmo nos ambientes mais exóticos.

# Como Criar
# Uma Trama Envolvente

"Guerra nas Estrelas é mais um conto
de fadas do que ficção científica de verdade".

*Mark Hamill*

Escrever ficção científica e fantasia é uma arte onde não basta criar uma sequência de eventos incríveis para ser bem sucedido. Como em qualquer outro gênero, o segredo de um bom livro está em uma trama bem amarrada que conduza a narrativa com tensão crescente que tire o fôlego do leitor.

F. Scott Fitzgerald disse que os bons escritores são os que nadam em águas profundas com a respiração presa. Não fique no raso. Não atole na areia fofa dos personagens e eventos da sua própria vida, nem se queime sob o sol ardente dos clichés.

Como eu disse no início do livro, não existem regras ou fórmulas para se escrever uma boa história. O que existe são ferramentas e técnicas que já foram utilizadas e comprovadas como funcionais no sentido de auxiliar o escritor a agradar mais leitores.

Isto não quer dizer que você não possa ousar e fugir destes conceitos. Apenas tenha em mente que será muito mais difícil "prender" seu leitor se sua história for experimental ou conceitual demais. Cuide para que ela seja mais ficção do que ciência, fuja dos seus lugares comuns e estrangule todo e qualquer cliché.

Para escrever um bom livro do gênero é bom conhecer a estrutura de três atos, os arquétipos, pontos de virada, clímax, a jornada do herói, enfim, dominar o conhecimento das técnicas de ficção para que você possa soltar as rédeas da imaginação sem medo de se perder pelo caminho, mesmo que não utilize nada disto.

Muitos escritores gostam de pensar em uma sequência de acontecimentos antes mesmo de começar a história. Outros escrevem de forma intuitiva, conforme as ideias vão brotando. Ambas são formas válidas de criar uma trama.

Basicamente, uma história pode ser dividida em três grandes eventos: exposição, complicação e resolução. No entanto, histórias são muito mais do que relatórios de eventos. Elas falam sobre transformação. Seu protagonista precisa se tornar outra pessoa após ultrapassar todos os obstáculos que se apresentarão em seu caminho.

Para engajar seu leitor, é necessário que você crie conflitos no caminho da realização dos desejos de seus protagonistas. Os tipos de conflitos são:

- Conflitos internos que ativam os julgamentos mental, intelectual e espiritual.
- Conflitos externos, que ameaçam a integridade social, cultural ou profissional.
- Conflitos interpessoais que, apesar de em certo nível serem a combinação de conflitos internos e externos, ameaçam a integridade dos relacionamentos.

Um conflito é uma força oposta à personalidade, às motivações e aspirações dos personagens ou uma situação decorrente da sua interação com o universo ao redor.

Toda história precisa de começo, meio e fim. Vou sugerir uma estrutura muito prática para escrever um enredo que engaje seu leitor. Na verdade, ela é a coisa mais simples do mundo e você a conhece há muito tempo. No começo você expõe personagens e cenário da trama, no meio você complica as coisas, no fim você surpreende e resolve os conflitos.

Resumindo, você expõe, complica e resolve. Comecemos pelo princípio:

## 1 - Exposição – Oriente seu leitor

O primeiro ato é a parte mais importante do livro, pois é onde ocorre o processo de avaliação, quando o leitor decide se continuará a ler sua história ou não.

Em "sci-fantasy", os leitores precisam ser apresentados ao "plano" e época onde a história ocorre. O que é importante saber é que, para os personagens, mesmo que habitem o último planeta visível da Ursa Maior, por mais fantástico que seja, o lugar em que se encontram no princípio da história é o mundo comum deles.

Apresente seus protagonistas em seus "mundos comuns", situe o local e o período do tempo em que ocorre a história. Coloque os personagens em ação para mostrar ao leitor quem eles são. Faça o leitor se importar com eles.

Uma abordagem bacana é abrir a trama de certa distância e ir "fechando a câmera", o contrário do cinema. Leitores geralmente preferem conhecer o contexto antes de focar em alguma coisa.

Use um prólogo somente se quiser definir um estado de espírito ou passar uma história de fundo fundamental antes de começar a introduzir os personagens principais.

Na primeira parte, você também define o tom e o humor da narrativa, além do ponto de vista. Na ficção científica e fantasia, a escolha da perspectiva está relacionada com a quantidade de personagens e com as necessidades de construção de um novo mundo com informações capazes de permitir uma experiência completa da história.

A terceira pessoa é mais indicada quando existem muitos personagens com a mesma importância para a evolução da trama. Ela dá uma dimensão maior aos conflitos, permitindo múltiplos pontos de vista.

A primeira pessoa é mais indicada quando você quer dar um tom mais intimista e focar a história sob o olhar de um único personagem. Você também pode usar uma perspectiva omnisciente, ideal para tramas épicas com múltiplos cenários e períodos de tempo. Só cuide para não esbarrar no inverossímil e destruir as crenças do leitor.

A escolha do ponto de vista também depende da atmosfera geral que você quer criar para a trama. Se a premissa da história se baseia em um conflito interno, use a primeira pessoa. Se a atmosfera gira em torno de conflitos externos ou interpessoais, use a terceira.

O mais comum na ficção científica e fantasia é narrar na terceira pessoa, já que é uma perspectiva mais flexível que permite mergulhar com mais facilidade no cenário, pré-requisito do gênero.

Resista à tentação de iniciar sua história muito cedo. Começar no miolo da ação que resultará em um ou mais dos conflitos da trama é um bom começo. Evite também começar com muito diálogo ou o leitor poderá se perder por não conhecer quem está falando.

Escreva um parágrafo de captura que prenda a mente do leitor de forma irreversível. Tome cuidado para não usar um gancho muito surpreendente e depois desapontá-lo. Uma isca pequena funciona bem.

Alguns escritores recomendam que você escreva seu primeiro parágrafo somente depois de colocar o ponto final. Com certeza, esta técnica pode despertar muito mais a curiosidade, pois você já terá domínio sobre a resolução da história e poderá iniciar com um gancho ou uma questão forte. De qualquer forma, revisite seu começo depois de terminar seu livro.

Se você surpreender seu leitor com um conflito, uma questão essencial ou uma descoberta incrível e for recheando sua história com pequenos dilemas, será impossível para ele largar o livro.

**_Faça o conflito começar na primeira página._**

Imagine uma cena de ação de tirar o fôlego com o protagonista ou com o vilão e escreva-a. Deixe o suspense no ar, a promessa de que algo fantástico vai acontecer. Apresente um defeito ou um medo do herói e coloque-o diante de um obstáculo ou evento que acelere seu coração. O que acontece por conta da decisão que o herói toma?

Faça o leitor se apaixonar por seu protagonista e então, coloque-o em perigo. Prometa boas surpresas e saiba que, ao fazer promessas, é sua obrigação cumpri-las. Quanto maior a promessa, maior deve ser a recompensa.

Só tome cuidado para não deixar o leitor à deriva com ações que só você compreende e depois se ver obrigado a explicar as coisas, o que pode impactar no ritmo da trama.

## *"Sci-Fantasy" é uma tese*

Um dos ingredientes básicos da ficção científica e fantasia é a mágica. Ela pode ocorrer dentro das leis da física, uma descoberta científica, por exemplo, ou da metafísica, um poder psíquico ou um feitiço. No entanto, por ser um gênero tão diverso, cabe a você criar e explorar cada uma das "mágicas" da sua história.

Mais do que isto, conheça a fundo seu universo fictício a ponto de poder escrever uma tese de mestrado sobre ele. Do que você está falando? Qual é o ponto de seu mundo? Utilize seu universo como um estudo de caso, uma experiência científica que irá provar o que sua visão aufere ao leitor. George Orwell, no clássico "1984", fornece detalhes minuciosos de um estado fascista que elimina o poder de escolha de seus cidadãos para se manter no poder.

Aldous Huxley, em "Admirável Mundo Novo", imaginou um hipotético futuro onde pessoas são condicionadas a viver em harmonia em uma sociedade organizada por castas. Dan Simmons, em "Hyperion", pensou no que ocorreria se a humanidade se espalhasse pela galáxia depois da destruição da Terra.

Como Orwell, Huxley e Simmons, baseie sua tese em uma grande especulação. Seja claro na formulação da pergunta e faça uma lista consistente de respostas. Pense em como seus personagens agiriam em uma realidade como aquela. Conheça todas as respostas a fundo e evite despejá-las gratuitamente no colo do leitor.

*Faça suas pesquisas*

Com sua pergunta e algumas respostas escritas, é hora de se aprofundar. Por maior que seja a especulação, pesquise por informações para saber se situações semelhantes ocorreram no passado. O que aconteceu nos impérios do passado? Que mecanismos podem ser utilizados para "condicionar" uma pessoa ou exercer controle sobre um povo? O melhor e o pior da humanidade são fontes incríveis de inspiração para suas respostas.

O melhor tempero de "sci-fantasy" são os detalhes. São eles que fazem o "novo mundo" parecer real e transformam a distopia e o fantasioso em realidade plausível. Quanto mais pesquisas você fizer relacionadas à sua especulação, mais ideias você terá e mais consistente será sua história.

Sempre que basear qualquer parte da sua história em princípios científicos, tenha uma compreensão básica do que você está falando ou procure alguém familiarizado com o assunto que seja capaz de apontar suas gafes.

## Trama é conflito

Independente da feitiçaria ou do último avanço da ciência em Marte, você precisa gerar conflitos, pois só eles são capazes de fazer uma história andar. Como você já viu, conflitos podem ser internos, externos e interpessoais.

O mais forte deles é o interno, ou emocional, que pode assumir diversas formas. O cerne deste tipo de tensão está na luta consigo mesmo, na busca pelo autoconhecimento. "Será que eu também sou um robô e não sei?"

Os conflitos externos funcionam como combustível para a história e podem ditar os rumos. A batalha entre o Império e Rebeldes, a presença de androides quase humanos na sociedade, a proximidade de um inverno rigoroso que pode durar anos são alguns exemplos clássicos.

Os conflitos interpessoais movem a história através dos relacionamentos e suas interações. Crie relacionamentos originais capazes de ecoar. Case e Molly, os protagonistas de Neuromancer, inspiraram diversos personagens como Neo e Trinity da trilogia

Matrix. Aliás, Matrix é o nome do cibermundo na trama de William Gibson.

A construção da tensão precisa funcionar como a escalada de uma montanha. Comece com algo sutil, como uma simples tomada de consciência de um dos conflitos. Este despertar é muitas vezes alimentado por sentimentos intensos, positivos ou negativos.

Descubra o que seus personagens desejam e o que impede a realização destes desejos. A tensão é criada pelo desejo não realizado. Eles querem, mas um conflito interno, externo ou interpessoal causa a tensão e eles não podem satisfazer seus anseios e sonhos.

Iniciar sua história com uma combinação de tensão interna e um conflito externo forte aumenta bastante suas chances de capturar a atenção dos leitores.

*Um olhar para o novo*

Ficção científica e fantasia são gêneros que fazem grandes perguntas. As apostas são altas. Ao mesmo tempo, nenhum outro tipo de literatura é tão copiado. Alguém cria um Universo e, logo em seguida, uma multidão de escritores se aproveita da onda com tramas que lembram ou copiam descaradamente o original.

Você se lembra da pergunta que se fez lá no começo do livro? Como sua abordagem será diferente? Você quer ter voz própria ou ser apenas um eco?

Quantas histórias de sociedades distópicas fizeram sucesso justamente por apresentarem uma visão diferente do tema? O que sua especulação tem de única e diferente?

O seriado britânico "In the Flesh" desconstruiu o gênero apocalipse zumbi. Nele, os mortos-vivos podem ser curados através da medicina e a história das pessoas com Síndrome de Falecimento Parcial é única dentro de um tema extremamente batido.

Crie um universo próprio e original. Oriente o leitor sobre os protagonistas, o principal conflito, o tempo e espaço onde a história se desenrola. Comece com tensão interna dentro de um conflito externo, tempere com um alto impacto científico ou mágico e deixe o suspense no ar. Eis a receita de um começo arrasador para sua história.

## 2 – Complicação – Escale a tensão

No primeiro bloco você apresentou seus personagens, o cenário da história e terminou com um gancho que remete ao principal conflito da história. Esta crise que revira o mundo dos protagonistas de cabeça para baixo precisa ser muito forte e aparentemente sem solução se você quiser capturar de verdade o coração e mente do seu leitor. Além disso, você precisa fazer com que o desafio colocado diante dos protagonistas seja inevitável. Isto colocará o segundo bloco da história em movimento.

Manter a ansiedade do leitor em níveis elevados deve ser seu principal objetivo. Por isto, tome muito cuidado com subenredos para não enfraquecer este sentimento.

O miolo é o momento de descrever os eventos que antecedem o clímax. Em outras palavras, faça com o que o leitor vislumbre as soluções dos conflitos. A possibilidade de uma resolução satisfatória em meio a um turbilhão de indícios de que tudo dará errado. Coloque seu protagonista neste redemoinho de emoções, escale as tensões internas, externas e interpessoais e empurre o leitor para o clímax.

O segundo bloco começa com uma crise devastadora e segue com um aprofundamento dos conflitos e da orientação sobre o universo da trama.

Uma história não fala sobre o que deu errado, mas sobre o que deu muito errado. Escalar os conflitos não significa apenas rechear o miolo com desencontros, azares ou erros. A melhor maneira de escalar um conflito é intensificá-lo e não rodeá-lo de conflitos menores.

À medida que a história avança, os conflitos se tornam cada vez mais devastadores. Sabe aquele momento em que você acha que não pode ficar pior? Pois é, eles precisam ficar.

Os conflitos e reveses podem surgir e serem ampliados através:

- Da confrontação de um problema pessoal, espiritual, físico, emocional ou social.
- Da busca por aceitação, propósito, liberdade, paz e significância.
- Da busca por prazer, verdade e felicidade.
- De ameaças físicas, psicológicas ou profissionais.
- Da tentativa de superação de um obstáculo.
- Do sacrifício por algo que os protagonistas acreditam de verdade.
- Da recuperação de algo ou de um sentimento perdido.
- Da perda de algo valioso ou de alguém muito querido.

- Da lembrança de um erro do passado e da possibilidade de uma segunda chance para fazer as coisas darem certo desta vez.

Pense nos três tipos de conflito – emocional (interno), externo e interpessoal e nos três tipos de morte – física, psicológica e social. Pense na possibilidade de combiná-los. Transforme os conflitos em desafios praticamente impossíveis de serem suplantados para tornar sua história mais forte.

A virada para o segundo ato é o momento desta distensão que intensifica a tensão até que os protagonistas atinjam o fundo do poço para finalmente confrontarem as forças antagônicas que os impedem de alcançar o que desejam.

Force seus protagonistas a lidarem com o sentimento oposto aos seus anseios. O que pode complicar as coisas no caminho da destruição de um anel maléfico que, se perdido, pode acabar com o mundo?

Faça com que seu leitor não queira parar de ler para saber o que irá acontecer.

## A perspectiva é muito importante

Dê ao leitor um ponto de vista elevado, ela precisa prever as coisas. Exponha a visão dos protagonistas e do antagonista e mostre para onde as coisas caminham. No entanto, é fundamental que você esteja sempre um passo à frente.

O que gera a tensão em uma cena é a perspectiva em que o leitor é colocado. Ele precisa saber mais que o personagem, porém menos do que você. Faça-o focar inteiramente na cena, mergulhe-o em um plano introspectivo que restrinja suas reações ao ambiente.

Para empurrá-lo em direção ao clímax, crie um conflito que cause uma disrupção irreversível na vida dos protagonistas. Suas vidas precisam ser mudadas de uma maneira que não possam voltar atrás ou recusar o enfrentamento do conflito.

Se houver uma possibilidade de recusar o chamado, os leitores irão se perguntar "por que ele não fez isto"? Pense você também nas possibilidades, nas perguntas que os leitores estarão fazendo em suas cabeças e antecipe-as.

## Provoque e confunda seu leitor

Dê ao leitor algumas preliminares antes de colocá-lo diante do principal conflito. Lembre-se que os dilemas são as molas do engajamento. Permita que ele sinta o gosto da solução do conflito e depois vire seu mundo de cabeça para baixo novamente.

As forças rebeldes avançam com relativo sucesso, mas quando tudo parece caminhar para dar certo, as coisas se complicam e o conflito se torna ainda maior.

Alterne momentos de aperto no coração com momentos de humor e tranquilidade. Dose o ritmo para que bata no compasso do coração do seu leitor.

Encontre seu tom e mantenha a consistência do começo ao fim.

Coloque os protagonistas em um tubo de ensaio e misture-os até o ponto de explosão para que seu leitor ferva junto com eles até o segundo ponto de virada, a hora do confronto final, o clímax.

Em uma obra de "sci-fantasy", existem algumas formas de fazer isto:

- O vilão se torna íntimo do herói.
- O conflito externo toma proporções devastadoras, afetando o mundo do herói.
- Uma chantagem precisa ser desmascarada.
- O tempo para resolver um conflito se torna cada vez mais escasso.
- Um dos três tipos de morte ronda o herói, mas ele não sabe.
- Uma pista ou estímulo falso leva a um resultado inesperado e mais distante da solução.
- Laços familiares, sociais ou profissionais são ameaçados.
- As consequências da não resolução dos conflitos se tornam mais severas.

- Alguém importante para a trama desaparece sem deixar rastros ou dar notícias.

## 3 – Resolução – Surpreenda!

Da mesma forma que suas primeiras páginas são fundamentais para que o leitor queira ler a história, as últimas são fundamentais para que ele queira ler seu próximo livro. Um final decepcionante fará com que ele se frustre e será muito mais difícil convencê-lo a comprar a continuação da série ou mesmo um novo livro.

No ato anterior você antecipou, gerou suspense, fez as coisas se complicarem até o segundo ponto de virada, o clímax. No terceiro ato, é hora da resolução, onde os protagonistas decidem enfrentar os conflitos. Mas para deixar uma marca indelével na memória do leitor, você precisará surpreendê-lo.

Para mim, Neuromancer tem um dos finais mais surpreendentes da ficção científica. A resolução das desventuras de Case e Molly deixa no ar aquele sentimento de querer mais.

## Não engane seu leitor

Não tenha preguiça de pensar em diversas possibilidades para a resolução. O leitor não é bobo. Você pensou na trama, nos capítulos, nas cenas, faça também um brainstorm sobre o que pode acontecer no desfecho. Pense em finais diferentes e tente surpreender.

Você construiu toda uma história até aqui. Não deixe que a ansiedade coloque tudo a perder e te leve a fazer um resumo do que aconteceu. Esta é a principal causa de desapontamento dos leitores.

Se seu livro faz parte de uma série, o ideal é delineá-la por inteiro antes de estruturar cada livro. Apesar de você ter que dar um tratamento de primeiro ato para o primeiro livro de uma série, é preciso que este, por si só, contenha três atos com começo, meio e fim. Tome cuidado para não deixar pontas soltas, o que pode ser frustrante.

Muitos escritores hoje também se preocupam em criar séries, o que é importante para suas carreiras. No entanto, certifique-se se sua história tem potencial para se estender ou se apenas um único livro é o suficiente para que ela seja bem contada. Não force a barra, pois a diluição pode ser prejudicial.

### Preparando um final satisfatório

Neste ponto o protagonista está no pior momento de sua história. Então, algo acontece que faz com que descubra a solução para um ou mais conflitos que o impedem de alcançar seus objetivos. Sim, a toda poderosa Estrela da Morte tem um Calcanhar de Aquiles. Ele e seus amigos têm uma chance, mesmo que ínfima, de conseguir o que querem.

Imagine o conflito mais impactante que a história pode ter. Em seguida, pense em como ele pode ficar mais profundo ainda. Este deve ser o ponto alto, o clímax da sua história. Todas as cenas, diálogos e ações anteriores devem caminhar em direção a este ponto de escuridão da vida do protagonista.

Recomendo que você trate a resolução do conflito principal como uma história à parte. Divida-o em três pequenos atos e, novamente, crie mais tensão até atingir o clímax dentro do clímax, antes da resolução final.

A parte final é o momento em que você dá aos seus protagonistas o que eles desejam. A batalha foi vencida, o anel foi destruído, a esperança renasce. Mas como você pode surpreender?

Você precisa pensar não em dar o que seus protagonistas desejam, mas em algo melhor ainda. Cuide para que as promessas que você fez no início e no meio do livro sejam cumpridas de uma forma que satisfaçam e também surpreendam. Para isto, você precisa aprender a olhar para a história com os olhos de seu leitor e fazer as perguntas que ele estará se fazendo.

Mantenha seu leitor sempre tentando adivinhar o que irá acontecer e você o terá nas mãos. Para isto, será necessário enganá-lo.

As escolhas dos personagens devem ditar os rumos da história. Sabendo disto, você pode utilizar os possíveis resultados destas escolhas – sejam elas boas ou más – para fazer o leitor pensar que a história caminha para uma direção quando, na verdade, vai para outra. Tome cuidado apenas para que os resultados não sejam convenientes demais ou oriundos de coincidências inverossímeis.

## A transformação

Até aqui, seus personagens estiveram mergulhados em conflitos dos mais variados. Segredos, erros, arrependimentos, tentações e dúvidas ajudaram a colocar camadas de personalidade sobre eles e orientaram o leitor dentro da trama.

Agora é hora de mudar a marcha da história e resolver os conflitos. Neste ponto, seus personagens precisam tomar decisões cruciais que terão impacto definitivo sobre seu futuro.

As mudanças internas ou externas no mundo do herói são a chave do final. Conduza a história para um fechamento onde a transformação sofrida fique clara. Na "sci-fantasy", isto pode se dar das seguintes formas:

- **No relacionamento:** as perspectivas geradas pelos conflitos interpessoais mudam. Um exemplo clássico é o ciúme de Luke por Lea até a descoberta de que são irmãos.
- **Na atitude:** um personagem decide mudar sua forma de agir, como Han Solo, que era conhecido como um mercenário sem coração.
- **Na vida:** os protagonistas experimentam uma compreensão psicológica mais profunda dos fatos, uma cura emocional, uma satisfação intelectual ou um despertar espiritual.
- **Através de um aprendizado:** o herói agora já desenvolveu suas habilidades ou poderes. Na

próxima aventura isto já não será um problema.

- **Através de uma revelação:** uma descoberta surpreendente muda completamente a perspectiva da história seja no plano interno, externo ou interpessoal. "Eu sou seu pai!"

Outras formas de encerrar uma história são:

- Com um retorno ao ponto de abertura. Muitas tramas começam com um evento e depois voltam no tempo para explicar como tudo aconteceu.
- Com uma antecipação. O conflito foi solucionado, mas um novo conflito pode ser uma potencial ameaça. Isto pode funcionar como um gancho para o próximo livro da série.
- Com uma questão que incentive a reflexão. O impacto científico deixa grandes margens para questionamentos filosóficos.

Então, você precisa fazer com que seus personagens tomem decisões importantes nesta etapa. Decisões que alterem suas vidas, seus relacionamentos, atitudes e sabedoria, mas que, antes de tudo, revelem como eles foram afetados pelos conflitos.

Se o livro faz parte de uma série, será necessário deixar algo em suspense ou uma questão não solucionada.

Uma palavra final sobre a trama. Como já foi dito, histórias precisam de esperança. Se você não deixar um fio de esperança conduzir a história, seu leitor pode não suportar e abandoná-la no meio.

Quem vai vencer? Ciência e magia têm sempre dois lados. Surpreenda seu leitor e, mais do que isto, satisfaça-o. O final de uma história tensa é o momento de voltar a respirar, refletir sobre os acontecimentos e fechar o livro com satisfação.

## Principais Lições

- Uma "sci-fantasy" de qualidade requer uma trama vigorosa, bons personagens, escrita convincente e um enredo sensato.

- Uma boa trama se constrói com conflitos internos, externos e interpessoais.

- Tensão se constrói com os três tipos de ameaças mortais: física, psicológica e social.

- Especule e pense em sua história detalhadamente. Existem diversas maneiras de contar uma mesma história. Faça pesquisas e trabalhe com base em uma grande questão.

- Comece com tensão. As primeiras cinco páginas é que fazem o leitor querer seguir em frente. Então, esforce-se para capturar sua mente logo no primeiro parágrafo.

- Recheie com acontecimentos que amplifiquem os conflitos até o clímax.

- Crie um final surpreendente que satisfaça o leitor e gere nele o desejo de comprar seu próximo livro. O segredo está na transformação dos protagonistas.

# Escreva a Sua História

"Eu escrevo o mais direto possível, assim
como eu ando o mais direto que posso,
porque essa é a melhor maneira de chegar lá".

*H.G. Wells*

A insegurança é uma das grandes vilãs na vida de um escritor. Planejar é uma forma de dominar sua trama do começo ao fim sem deixar pontas soltas. A melhor forma de liberar o lado criativo é se sentir seguro.

Para isto, antes de começar a escrever sua história, coloque todas as etapas da escrita em sua agenda e experimente seguir o roteiro abaixo:

# 1. Prepare a Premissa

A premissa é a linha mestra da sua trama. Uma boa premissa de "sci-fantasy" tem como base o modelo "QUEM > QUANDO > AGORA" pontuado pela grande questão "especulativa" do universo paralelo e pelos grandes conflitos da história.

Veja o exemplo de premissas de dois grandes sucessos da ficção científica e fantasia:

**Neuromancer, de William Gibson**

> **[QUEM]** "Case é um cowboy da Matrix, uma espécie de alucinação coletiva digital *(conflito externo)* na qual a humanidade se conecta para, virtualmente, saber de tudo sobre tudo *(universo paralelo)*.

> **[QUANDO]** Ao tentar enganar seus patrões *(conflito interpessoal)*, suas conexões com este mundo são cortadas e ele é obrigado a viver à margem da sociedade *(conflito interno)* nos subúrbios de Chiba City.

> **[AGORA]** Ele conhece Molly, uma bela guerreira *(conflito interpessoal)* com olhos de

inseto, que o convoca para uma misteriosa e perigosa missão *(conflito externo)*".

**American Gods, de Neil Gaiman**

[QUEM] "Shadow sai da prisão no mesmo dia em que sua mulher e melhor amigo morrem em um acidente de carro *(conflito interno)*.

[QUANDO] Ele é contratado por Mr. Wednesday *(conflito interpessoal)*, um vigarista que é, na verdade, a encarnação do Odin que deseja reunir velhos deuses para combater *(conflito externo)* os novos deuses na América *(universo paralelo)*.

[AGORA] Em Rock City, Shadow será uma peça importante *(conflito interpessoal)* na batalha entre os deuses".

Utilizando a técnica do "QUEM, QUANDO, AGORA", escreva a Premissa da sua história.


## 2. Prepare a Sinopse

Expanda a Premissa e escreva uma Sinopse curta do seu livro, com três parágrafos.

No primeiro parágrafo apresente os personagens, seu "mundo comum" e o cenário – universo paralelo - onde ocorre a trama. Pense em uma crise devastadora para a vida comum do personagem. Esta crise pode ser positiva, a descoberta de um poder, por exemplo, ou negativa. No segundo parágrafo descreva as complicações geradas pelas forças antagônicas que mergulham o protagonista no lado escuro de sua alma. No terceiro, descreva como ele consegue superar estas forças e que transformação sofre no fim da história. Exercite finais surpreendentes.

Após escrever a sinopse curta, amplie-a. Escreva duas ou três páginas com os principais acontecimentos, uma versão muito condensada da sua história, sem se preocupar com a ordem. Quanto mais detalhes você pensar nesta fase, mais seguro ficará nas seguintes.

## 3. Prepare a Primeira Escaleta

Com a sinopse pronta, é hora de começar a detalhar melhor os capítulos e cenas do seu livro. Para isto, prepare a primeira escaleta.

Divida a história em cinco grandes partes:

1. **Exposição:** Apresente seu protagonista, o que ele faz da vida e em que situação se encontra. Como é o mundo comum dele e o que o ameaça?

2. **Incidente Instigante:** Que acontecimento positivo ou negativo tira as coisas da normalidade?

3. **Ação Crescente:** Descreva o acontecimento que bagunça sua vida e causa uma crise em seu mundo. Que conflitos internos, externos e interpessoais podem impactar sua vida? Crie uma espiral de complicações e amplie os conflitos. Cuidado para não repetir eventos ou cenas.

4. **Clímax:** A hora da decisão. Descreva como ele vai superar o desafio imposto pelo antagonista. Como os conflitos são

solucionados com base nas decisões dos personagens?

5. **Resolução:** Apresente a transformação que os conflitos causaram no protagonista. Como ele termina na história e que transformação sofre?

Em cada uma delas, crie de três a cinco Grandes Cenas relacionadas àquela etapa. Vamos chamar estas Grandes Cenas de "Capítulos". Pense em eventos que movam a história para frente, em direção ao clímax.

Descreva a sequência de eventos na ordem absoluta em que eles ocorrem. Não se preocupe com a continuidade da narrativa neste momento. Mantenha um olho na estrutura que você preparou, mesmo sabendo que talvez precise reordenar algumas cenas depois, e siga em frente.

Aqui vão algumas sugestões para te auxiliar na criação dos Capítulos, caso fique sem ideias sobre o caminho a seguir.

Os elementos comuns da etapa de **Exposição**, de acordo com a Jornada do Herói, são:

- **Momento Disrupção:** um acontecimento causa um abalo no mundo comum do universo paralelo onde vive o herói.
- **Momento Apego:** o herói se apega ao seu mundo comum.
- **Momento Conselho:** o herói recebe instruções ou dicas de um mentor.
- **Momento Oposição:** ele se recusa a acreditar/embarcar nos acontecimentos. Pode questionar sua sanidade e a dos outros.
- **Momento "A Morte Manda um Recado":** o herói sente o cheiro do que está por acontecer.

Então, ocorre o **Incidente Instigante**:

- **Momento Arremesso:** ocorre uma ruptura irreversível em seu mundo comum e ele é arremessado nos conflitos. A crise tem início.

Logo em seguida, começa a etapa de **Ação Crescente**, onde é imprescindível fazer com que a tensão aumente até chegar ao clímax. Use as dicas do capítulo "O Segredo Está Na Trama" e crie um recheio envolvente. Este é o momento onde os protagonistas conhecem seus aliados, seus inimigos e passam por provações rumo ao desfecho.

Alguns elementos comuns desta parte são:

- **Momento de Decisão:** ele decide aceitar o desafio e combater as forças antagônicas.
- **Momento Tropeço:** o herói sofre um grande revés.
- **Momento Espiral de Problemas:** as coisas se complicam muito em uma sequência de tirar o fôlego.
- **Momento Espelho:** o herói questiona as mudanças que atravessa e entra em um conflito interno sobre quem era e quem precisa se tornar agora.
- **Momento Bom Moço:** ele ajuda alguém e isto acaba complicando mais ainda as coisas para seu lado.
- **Momento Contra Ataque:** o vilão sabe que o herói se aproxima e reforça suas defesas.
- **Momento Porta da Morte Nº2:** o antagonista mostra a que veio e causa um grande estrago. O império contra-ataca.

A história chega ao **Clímax**. Os elementos comuns desta parte são:

- **Momento Batalha Final:** o herói finalmente entra em combate contra o vilão.
- **Momento "Diante da Morte":** o fim da Batalha Final onde a vida do herói fica por um triz.
- **Momento Superação:** o herói encontra uma solução, destrói ou imobiliza as forças antagônicas e salva o "novo mundo".
- 

Por fim, a trama chega à etapa de **Resolução**. É o momento de solucionar os conflitos e finalizar a história com chave de ouro. Os elementos comuns são:

- **Momento Resgate do Conselho:** o herói relembra um conselho que recebeu no início da trama e que agora faz mais sentido para ele. Pode ser uma questão de honra ou algo que tenha um peso psicológico grande para ele.

- **Momento Transformado:** o herói retorna ao seu mundo comum, porém, transformado. Como você já viu, as transformações podem ocorrer em diversos níveis: nos relacionamentos, na vida, na atitude etc.
- **Momento Comemoração:** Celebrações acontecem. Luke, Leia e Han recebem medalhas de bravura, o Rei condecora seus súditos fiéis que venceram a batalha.
- **Momento "Uma Ameaça no Ar":** os inimigos foram completamente derrotados? Algo me diz que não.

Faça uma lista dos Capítulos de uma forma lógica. Pense no objetivo final de cada um deles. Ele move a história? Que obstáculo ele apresenta e qual o resultado?

Pense em "trama, trama, trama", em viradas estonteantes, em acontecimentos que causem tensão de verdade. O que acontece no fim da etapa de Exposição que move a história para a etapa do Incidente Instigante?

No total, liste de 15 a 20 Capítulos que conduzam os protagonistas do ponto inicial até o ponto final da trama. Você pode lista-los também para etapas pregressas ou posteriores da história. Isto ajuda muito no desenvolvimento da narrativa, principalmente se você está escrevendo uma série.

Existem diversos programas e aplicativos que podem ser úteis neste momento. Eu utilizo o **WritePlan** (writeplan.net) no iPad para criar minhas escaletas porque ele me permite reordenar e visualizar melhor os capítulos e subcapítulos de uma história.

## 4. Prepare a Segunda Escaleta

Ao terminar a primeira escaleta, é hora de aprofundar-se mais em cada um dos Capítulos. Crie cenas que direcionem a trama rumo ao próximo Capítulo. Gosto muito de tratar cada capítulo como uma história a parte com começo, meio e fim.

Vamos supor que você esteja no Capítulo "Momento Oposição", no qual o herói se recusa a acreditar que magia existe. Liste de 3 a 5 eventos que o conduzam a esta recusa. Novamente, pense no objetivo, no obstáculo e no resultado de cada cena.

Ao tomar como base os passos da Jornada do Herói ou cenas-chaves, fique atento, pois são os momentos em que você corre mais risco de cair em clichés.

Detalhe cada cena e faça anotações quanto às mudanças de perspectiva, subenredos e ganchos. Certifique-se de terminar cada capítulo com um gancho que prepare o terreno para o seguinte.

Se você quiser mesmo deixar o leitor ansioso pelo que vai acontecer, utilize um dos nove ganchos a seguir no final de cada capítulo:

- **Medo:** crie uma cena em que o leitor fique apreensivo pelo que está por vir.
- **Raiva:** deixe-o com raiva por algum motivo.
- **Prazer:** cause uma sensação de prazer no leitor.

- **Nojo:** crie um acontecimento que faça seu estômago revirar.
- **Fome:** faça-o sentir fome, delicie-o com os prazeres da mesa.
- **Movimento:** termine o capítulo com uma cena de ação estonteante.
- **Sexo:** nada como uma cena de sexo para manter o leitor grudado.
- **Perigo:** uma ameaça eminente funciona também como gancho.
- **Ritual:** a preparação de um ritual também gera suspense.

Detalhe cada cena minuciosamente. Faça uma lista do que acontece, quem atua e como ela se encaixa no quebra-cabeça da trama.

Faça as mudanças e ajustes na história até que ela ganhe mais sentido e corpo. Delinear é o que toma mais tempo, mas facilita tudo depois. Lembre-se do provérbio chinês: se você quer derrubar uma árvore na metade do tempo, passe o dobro do tempo amolando o machado. Delinear é afiar o machado antes da escrita.

## 5. Escreva Sua História!

Ideias veem de nossa capacidade de observação e de levantar questões. A forma como as colocamos no papel varia de pessoa para pessoa. O importante é você se sentir confiante diante da história, seja tendo uma estrutura como base seja escrevendo de forma intuitiva. É hora de trabalhar no primeiro draft ou "campanha de escrita" da sua história.

Escrever uma história sobre um planejamento é como cavar um buraco em busca de um tesouro. Não desista antes de encontrá-lo e evite cavar além do ponto. Cuide para que sua trama não soe superficial ou previsível.

Se sua escrita funciona na base da intuição, concentre-se apenas nas cinco grandes etapas – exposição, incidente crítico, complicação, clímax e resolução – e deixe rolar. Cuide apenas para que a história não fique com partes incompreensíveis ou furos.

Concentre-se em preencher as cenas mesmo que fora de ordem. Sim, você pode escrever cenas do final ou do meio antes de escrever as do início, pois já sabe tudo o que vai acontecer.

Escreva a história rapidamente, de uma vez, sem parar muito para julgar ou criticar, apenas seguindo as escaletas. Escreva com emoção. Não permita que a dificuldade em descrever um cenário inexprimível ou um alienígena indescritível, por exemplo, bloqueie o andamento de suas campanhas de escrita durante o primeiro draft. Deixe os requintes para os drafts seguintes, para a fase de reescrita.

Altere acontecimentos ou subenredos sempre que você achar que deva durante o processo de desenvolvimento da trama, não se prendendo ao todo. Use as escaletas para iluminar e não para se prender.

Coloque cada um dos eventos em sua agenda e escreva todos os dias até que todas as cenas sejam finalizadas. Tenha foco, evite as distrações e combata a procrastinação como se ela fosse a grande vilã da sua vida.

Exalte as reações viscerais dos personagens, reduza o andamento para que o leitor sinta a tensão. É preciso saber dosar esta sensação. Se demorar muito, pode desapontá-lo, se encurtar demais, pode não causar o impacto que deseja.

Segundo Ítalo Calvino, a narrativa é um cavalo que ora galopa, ora trota. Expanda as conexões em um parágrafo para diminuir o ritmo, seja curto e grosso em outros para aumentar o passo. Ele também diz que não é preciso ser pesado para ser intenso. A leveza também pode ser uma arma para tornar uma cena escabrosa.

Um erro que muitos escritores de "sci-fantasy" cometem é ir muito direto ou explicar muito rápido uma tecnologia ou "novidade" do seu universo paralelo. Tentam, talvez, equiparar o leitor com o mesmo nível de adrenalina em que se encontram ou estimular a sensação de um conhecimento que eles não têm.

Quando sentir vontade de correr para explicar uma teoria ou um artefato ultra-avançado, diminua o passo e expanda os parágrafos. Faça um exercício. Demore e tente ser poético na descrição de um *rotor-laser*.

Surpreenda seu leitor! É óbvio que para que isto aconteça você precisa saber o que ele esperava. Pare e pense nas alternativas e escolha a mais surpreendente. Deixe pistas falsas pelo caminho para que ele forme sua expectativa e, na hora H, mude de rumo e cause a surpresa.

Mostre, não conte. Ou melhor, conte e depois mostre. Leia meu post sobre mostrar e contar para saber como fazer isto:

**bit.ly/conte-antes-de-mostrar**

Adicione realismo. Como já foi dito, o que torna uma história engajante é o quão próxima da vida real ela se passa, mesmo que ela ocorra no ano de 2223 em Marte.

## Principais Lições

- Divida sua escrita em etapas. Coloque tudo em sua agenda.
- Crie a Premissa da sua história e depois uma sinopse.
- Escreva a primeira escaleta com a lista dos principais acontecimentos da trama. Organize-a em cinco partes: exposição, crise, complicação, clímax, resolução.
- Divida tudo em capítulos.
- Escreva a segunda escaleta e detalhe mais cada cena. Mova a história. Use ganchos que impeçam o leitor de fechar o livro.
- Escreva a história com emoção e ritmo. Conte palavras, faça as palavras contar e não julgue antes.

# Algumas Palavras Sobre Diálogos

"Diálogos não são apenas falas. São expressões faciais, pausas, silêncios, abotoar a blusa, desenhar no guardanapo ou cruzar as pernas."
*Jerome Stern*

Escrever um diálogo, tema que merece um livro à parte, requer destreza para que soe autêntico e original. É preciso saber quando adicionar mudanças no tom, como tornar as conversas mais interessantes, usar um gesto ao invés de uma fala ou inserir silêncios tão efetivos quanto uma explosão.

Um bom diálogo reflete o que está acontecendo ao redor e dentro dos personagens. O segredo para escrever bons diálogos é a prática.

Aqui vão algumas dicas para escrever diálogos mais consistentes, fortes e realistas:

## 1. Prefira Respostas Indiretas

Responder diretamente a uma pergunta é visto como uma qualidade na vida real. Porém, poucas pessoas são tão pragmáticas. Na ficção, a resposta direta não é muito funcional porque não gera tensão.

Você precisa conhecer a fundo seus personagens para saber o que eles diriam um ao outro se fossem pessoas reais, confiar neles o suficiente para saber o que eles diriam exatamente nas mais diversas situações e deixar fluir. Lembre-se também que mulheres adoram responder perguntas com outras perguntas.

## 2. Sotaques, Gírias, Palavrões e Línguas de Outro Planeta

Hoje em dia, seria muito natural alguém gritar "puta que o pariu!" ou outro palavrão qualquer. Porém, muitas vezes esta não é a melhor saída. Veja, você pode muito bem fazê-lo exclamar algo de baixo calão caso isto seja compatível com a personalidade que você construiu para ele ao longo da trama.

Também pode funcionar se for o único xingamento do livro inteiro. O mesmo é válido para gírias e sotaques. Elas perdem o impacto se utilizadas com muita frequência. A repetição enfraquece o diálogo e chateia o leitor. Faça um exercício e procure uma exclamação que possa substituir à altura.

O mesmo serve para línguas inventadas, com o Tengwar, a língua dos elfos criada por Tolkien em "O Senhor dos Anéis". A utilização deste recurso é válida quando duas espécies de uma cultura diferente conversam entre si para manter um segredo ou quando alguém deseja mostrar que conhece o idioma como prova de amizade ou parentesco.

Anthony Burgess foi mais além. "Laranja Mecânica" é todo narrado em uma mistura de russo, inglês e gírias de trabalhadores ingleses. Para o leitor não se perder, um dicionário de *nadsat* acompanha o livro.

Em "Jornada nas Estrelas", a língua Klingon acabou se tornando um idioma a parte, estudado e falado pelos mais fanáticos fãs.

## 3. Movimento, Caracterização, Informação

Estas são as três variáveis do diálogo perfeito. Sempre que for escrever um diálogo, pense na trama, no personagem e no leitor. Faça-se três perguntas:

- Como o diálogo move a trama?

- Como ele fortalece a caracterização do personagem?

- Que informação ele passa para ao leitor?

A melhor cena de diálogo é a que combina as três respostas. O diálogo eficiente faz o enredo avançar, ajuda a colocar camadas de personalidade nos personagens e passa informações importantes para a compreensão e o engajamento da história.

Obviamente, nem todo diálogo precisa seguir esta tríade. Se não for possível, pergunte-se, ao menos, se ele é capaz de mover a história.

## 4. Entrada e Saída

Entre depois e saia antes. Imagine se em cada diálogo do seu livro seus personagens se cumprimentam ou se despedem após uma conversa. Chato, não? Mas não é preciso ser saudação ou despedida para que a coisa continue chata.

Qualquer conversa que preceda ou prolongue o cerne do diálogo – aquele que faz a história andar, caracteriza ou informa – pode ser abolido.

Portanto, evite a conversa fiada inicial, parta logo para o que interessa e encerre o diálogo antes que ele retorne à conversa fiada final.

## 5. Informação na medida

Não há nada mais cansativo do que alguém sem pregas na língua. Da mesma forma, como escritor, você precisa filtrar sua mente antes de ser verborrágico no papel.

Descarregar uma grande quantidade de informação em um diálogo é terrível. Isto ainda é mais perigoso em se tratando de ficção científica e fantasia, já que o leitor não sabe nem está acostumado com as variáveis do seu universo paralelo.

Lembre-se que ninguém explica a utilização de uma arma a não ser que seja um treinamento.

É preciso informar, mas isto não significa que as informações precisem ser em montes. Aprenda a dosar esta entrega e passe as informações de acordo com o contexto da ação.

O mesmo serve para fatos e coisas que o leitor já conhece. Ficar repetindo informações prejudica o andamento da história e cansa.

## 6. Tensão é Tudo

Use o diálogo para gerar tensão. Uma conversa repleta de argumentos em concordância é extremamente chata. Uma conversa onde cada um tenta impor seus argumentos é muito mais interessante.

A tensão também pode ser gerada pelo tom. Uma conversa ríspida, curta e grossa pode demonstrar a raiva que alguém sente. Mas este sentimento também pode ser passado com ironia ou sarcasmo ou até mesmo com frases mais polidas, se o personagem deseja esconder a raiva, por exemplo.

## 7. Tecnicismos e Línguas Estranhas

Em um livro de "sci-fantasy", certamente você terá que apresentar as variáveis e apetrechos do novo mundo. O gênero requer termos científicos ou tecnológicos muito especializados, mas é preciso saber dosar a utilização de nomes e palavras estranhas para não cansar o leitor.

Um dos erros mais comuns é utilizar jargões técnicos que não fazem o menor sentido para explicar buracos no enredo. Eleve seus diálogos para o padrão Delta-P, amplifique com um empuxo reverso e Zimmmmmmmm! Ou melhor, não faça isto!

Tome cuidado também com conversas com robôs. Respeite o nível da Inteligência Artificial do androide em questão para que a conversa não soe falsa. Ninguém teria conversas profundas com um robô ajudante mesmo em uma sociedade com tecnologia super avançada.

## 8. Naturalidade Individual

Ninguém fala igual a ninguém. Cada um tem sua própria maneira de se expressar. Busque compreender as vozes individuais de cada personagem para evitar que eles pareçam iguais ainda que façam parte do mesmo círculo social ou familiar.

Uma boa técnica é colocar lado a lado as semelhanças e diferenças de cada personagem e definir as características de suas personalidades.

Novamente, lembre-se que gestos, pausas e silêncios também são ingredientes dos diálogos.

## 9. Quem Fala?

Deixe claro quem está falando. É terrível acompanhar um diálogo grande e não saber mais quem diz o quê.

Nada aflige mais do que um diálogo que alterna entre os personagens com pouca ou nenhuma indicação de quem está falando. Isto se torna ainda pior se o diálogo é entre mais de duas pessoas.

Portanto, cuide para que as vozes tenham donos sem incorrer no erro da repetição do "disse ele" e "respondeu ela".

## 10.  Clichés

O diálogo é a parte onde se corre mais risco de cair em clichês. Faça um favor a você mesmo e nunca coloque as falas abaixo em seu livro:

– "Eu sou/nós somos o próximo estágio da evolução humana."

– "Emoção é uma prova de fraqueza."

– "_____ é meu sobrenome."

– "Este mundo é muito pequeno para nós dois."

– "Não vou te abandonar."

– "Como ele está?" – "Ele vai sobreviver."

– "Isto não vai acabar assim..."

A lista é extensa. Porém, não se preocupe muito com isto durante o primeiro draft. Crie os diálogos naturalmente. Na fase seguinte, você vai poder consertar muitos dos erros e torna-los mais atraentes. Concentre-se na essência do diálogo de ficção que é mover a história.

Após termina-los, leia-os em voz alta. Você consegue ouvir alguém dizendo aquilo em uma conversa normal? Se não, reescreva até que soe natural e dentro do contexto.

Lembre-se que uma grande fala pode transcender sua história. Uma resposta espetacular ou uma pergunta genial podem virar quadros na parede ou se tornar símbolos culturais para gerações. Isto também pode acontecer com um diálogo clichê, mas a probabilidade é quase nula e, caso aconteça, será pelas razões opostas.

## Principais Lições

- Evite fazer com que seus personagens respondam diretamente a uma pergunta
- Um bom diálogo move a história, reforça a caracterização de um personagem e passa informações importantes. Concentre-se nisto.
- Entre depois e saia antes, tome cuidado com gírias, sotaques e palavrões e evite despejar informações.
- Use tecnicismos e línguas estranhas com cuidado.
- Deixe claro quem está falando, varie os padrões de fala dos personagens utilizando o diálogo para gerar tensão e mover a trama.
- Fuja dos clichês do gênero.

# Reescreva!

Após terminar a primeira versão de sua história, dê um tempo. Permita que ela esfrie em sua cabeça antes de começar a reescrevê-la. Isto é importante para que você retorne a ela com olhos mais analíticos e menos emocionais. Você vai perceber se uma cena tem força se ao relê-la, um tempo depois, ainda sentir a tensão.

Leia a trama toda em voz alta e procure por inconsistências. Reforce o que achar necessário e corrija as falhas que encontrar. Reescreva o que achar que deve. Preste atenção no vocabulário, nas sintaxes, no ritmo, no tom, na dosagem das cenas, no poder de convencimento e utilidade de cada uma delas, nos ganchos e transições.

Demore-se mais nas descrições dos cenários fantásticos e seres de outro mundo. As escaletas são os rascunhos, a escrita é a pintura e a reescrita é o momento de retocar, envernizar e colocar a moldura na obra.

Reveja os diálogos. Pergunte se o personagem realmente diria aquilo. Eles geram tensão e conflito? Eles movem a cena? Eles colocam mais uma camada sobre a personalidade do seu herói ou de outro personagem qualquer? Eles passam informações relevantes para o leitor? Escrever diálogos clichês é muito tentador, mas não se renda. Pense muito no que seus personagens falam.

Por fim, releia seu texto e, desta vez, elimine a voz passiva, remova advérbios sem receio, corte pronomes possessivos e artigos indefinidos. Isto dará mais fluência à narrativa.

Ordene e reordene as cenas para que se tornem mais convincentes, se necessário. Corte passagens que enfraqueçam o andamento da trama ou substitua por outras mais eficientes. Reforce as transições e os ganchos.

## Principais Lições

- Depois de terminar a escrita, dê um tempo antes de reescrevê-la.
- Leia em voz alta em busca de erros e inconsistências.
- Reescreva sua história e reveja o que funciona.
- Reforce os diálogos.
- Corte passagens que não contribuam para o bom andamento da trama.
- Reordene se achar que fica mais convincente.

# Os Passos Seguintes

"Nem todas as pessoas do marketing
são escritores, mas todo escritor deve
 aprender a ser um marqueteiro".

*Joanne Kraft*

Agora você tem em mãos um original completo.
Chegou a hora da sua história ganhar o mundo.
Porém, antes disto, você precisa cumprir algumas
etapas.

## Teste sua história.

Uma maneira efetiva de se fazer isto é reunir os
amigos ou parentes para uma leitura em voz alta.
Reúna-os em uma sala, crie um clima de fantasia ou

ciência e faça a leitura observando suas reações e expressões. No final, anote as dúvidas e comentários importantes e avalie se fazem sentido. Caso façam, dê os retoques finais na obra. Reforce uma cena ou outra para gerar mais tensão ou causar mais impacto.

Caso não seja possível fazer um teste de leitura desta maneira, imprima cópias e peça para três ou quatro pessoas de confiança que a analisem e retornem com suas opiniões. Se sua obra possui muitas passagens científicas, peça a alguém do ramo, como um professor ou cientista, que aponte os erros. Você também pode colocar um final diferente em cada cópia para analisar suas opiniões.

Apenas tome cuidado para não se desmotivar com *feedbacks* negativos. Se a crítica for construtiva, tome como um conselho e melhore o que for possível. Se for destrutiva, ignore-a completamente.

## Pense em um título original.

O título pode ser considerado a primeira frase do seu livro e precisa chamar a atenção e despertar a curiosidade. Sugiro que você teste opções de títulos com amigos ou até mesmo com vendedores de uma livraria. Algumas dicas:

- Evite os títulos chatos: ao navegar por uma livraria, as pessoas tendem a se interessar mais por títulos incomuns. Evite usar um título chato.
- Crie um título fácil de lembrar: se um título é muito longo, complicado ou difícil de pronunciar, fica mais difícil até para falar sobre seu livro em uma entrevista ou em uma noite de autógrafos. Crie um título simples sem ser simplório.
- Use um título apropriado: uma história de ficção científica e fantasia precisa ter um título que remeta imediatamente ao gênero. Não corra o risco de confundir seu leitor.

## Revise.

Com o texto final pronto, contrate um revisor profissional para caçar os erros gramaticais e ortográficos que você deixou passar. Um erro deste tipo pode fazer com que o leitor se desconcentre da história e resulte em uma avaliação negativa prejudicial para as vendas do livro.

Existem diversos sites que oferecem serviços de revisão. Avalie a qualidade do revisor e orce o trabalho com base no número de laudas do seu livro. Uma lauda literária corresponde a 2500 caracteres sem espaços, porém, certifique-se do padrão adotado por cada revisor, pois existem variações.

## Capriche na produção.

Depois disto, parta para a produção. Contrate designers especializados para as etapas de diagramação, formatação e criação da capa.

O **Livros Que Vendem** possui um serviço de criação de capas. Confira em

**bit.ly/capasquevendem**

Cuide para que a capa seja surpreendente, pois a primeira impressão é a que fica. Inspire-se nas capas dos livros de ficção e fantasia mais vendidos de todos os tempos e siga as recomendações de um profissional competente com relação a cores, tipografia e imagens. Evite os clichés nas capas também.

## Publique seu livro na Amazon.

Isto mesmo! Ao invés de procurar uma editora e perder tempo com avaliações intermináveis ou uma possível rejeição, adiante-se e coloque-o para vender na maior livraria do mundo, sem custos.

Se seu livro for bom mesmo, você pode despertar o interesse de uma editora ou até mesmo seguir por conta própria, recebendo 70% dos royalties, o que a

Amazon paga, ao invés de somente 10%, o que as editoras costumam pagar.

Baixe gratuitamente o **Guia Visual de Formatação e Publicação na Amazon** que preparei para você no SlideShare:

**bit.ly/guia-amazon**

## Promova, promova, promova.

Por fim, promova seu livro com afinco. Escrever é ótimo, publicar melhor ainda. No entanto, muitos autores colocam seus livros nas prateleiras – virtuais ou de madeira – e simplesmente o abandonam. Os meios digitais tornaram a publicação e o marketing accessíveis a todos e, hoje, o autor que se preza precisa fazer duas coisas: escrever e vender.

Desenvolva um Plano de Marketing para seu livro e execute cada passo deste plano. Pense no que pode ser feito antes para avisar ao mercado que seu livro está chegando e despertar desejo por ele. Prepare estratégias para que o lançamento seja um sucesso e ações que possam ser feitas para manter as vendas aquecidas e recorrentes quando começarem a cair.

Utilize todos os canais digitais que tenham afinidade com seu público como website, blog e redes sociais. Construa uma base de e-mails, a forma mais barata e eficiente de se comunicar com seu leitor, seu maior ativo para os próximos livros que lançar.

*Uma dica de ouro:* avaliações positivas são importantíssimas para as vendas e para que o livro continue vendendo bem após a fase de lançamento. Crie ações para obtê-las. Se você escreveu um bom livro, isto será bem mais fácil e natural.

Escrevi um livro específico sobre marketing literário, caso tenha interesse. Nele, listo 50 maneiras comprovadas de promover e vender mais livros através dos meios digitais:

**"E-book Marketing - 50 Maneiras de Promover Seu Livro e Vender Mais"**

Enfim, trabalhe para vender. Não seja passivo a ponto de achar que basta escrever e os leitores virão correndo até você.

## Principais Lições

- Teste seu livro com parentes e amigos. Teste finais diferentes.
- Crie um título atraente que faça os olhos do leitor brilharem.
- Contrate um revisor experiente.
- Prime pela qualidade na produção e no design da capa do seu livro.
- Publique, ou melhor, autopublique-se!
- Promova seu livro todos os dias.

# Dicas de Organização do Tempo Para Escritores

Escreva todos os dias e siga as dicas de organização do tempo abaixo para estabelecer um processo de escrita consistente que lhe traga resultados:

## 1. Use uma Agenda

A melhor invenção do homem depois da máquina de lavar roupa é a agenda. Com ela fica muito mais fácil tirar as "pré-ocupações" da cabeça e fazer com que elas só retornem na hora que você tiver que executá-las.

Costumo fazer uma agenda semanal e separo uma hora no fim das sextas-feiras para planejar a semana seguinte inteira. O resultado é que passo um fim de semana mais tranquilo sem me preocupar com o que tenho que fazer a partir de segunda-feira.

O Google Calendar é uma excelente ferramenta para isto, pois permite criar agendas independentes, colorir os eventos, arrastar e esticar quando necessário. O equilíbrio é muito importante para poder distribuir suas tarefas e estimar bem o tempo necessário para executar cada uma delas.

Quer escrever duas mil palavras? Reserve duas horas em sua agenda. Planeje suas atividades profissionais, pessoais e sociais e, chova ou faça sol, cuide para que a programação seja cumprida.

## 2. Reduza ou elimine as distrações e interrupções

Um dos maiores problemas do homem moderno é conseguir manter o foco. Antes de iniciar uma tarefa ou mesmo no intervalo entre uma e outra, somos tentados a dar uma espiadinha no mural ou no e-mail, checar as notificações do celular ou nos distrairmos diante de um programa de TV.

Estabelecer horários para estas atividades é a melhor atitude para que elas não interrompam seu roteiro e acabem atrasando seus projetos e desanimando você. Se o vício é grande, utilize ferramentas de bloqueio que limitam o uso dos websites que te tomam tempo. Deixe o celular longe ou no modo avião e tire a TV da tomada.

Com relação ao e-mail, compartilho com você minha maior lição sobre esta ferramenta: "O e-mail é a agenda dos outros". Portanto, estabeleça dois ou três horários diários para ele e mantenha este compromisso. Outra ação que você pode tomar é avisar as pessoas que não quer ser interrompido durante as próximas horas.

## 3. Coloque metas

Nada melhor para manter o foco e dizer não do que estabelecer metas.

Divida seu livro em capítulos, insira cada um deles em sua agenda e foque em cumprir suas metas. Quando você faz isso, seu cérebro trabalha, mesmo que de forma inconsciente, para focalizar seu mapa mental na direção de seus objetivos.

Como já disse mais acima, não subestime o poder que uma meta tem de lhe trazer inspiração. Nada como um prazo para que as musas (ou os musos!) inspiradoras fiquem assanhadas.

## 4. Peça cobranças

Sabe aquela estratégia de avisar os amigos que você parou de fumar para que eles te perturbem se você cair em tentação?

Fale do seu livro para um ou mais amigos e marque uma data de lançamento: "Meu livro vai ser lançado daqui a dois meses, ok?". Se você furar o prazo, vai precisar arrumar uma bela desculpa ou arcar com a vergonha de ser um falastrão sem compromisso.

## 5. Utilize alertas e alarmes

Uma forma de marcar bem seus horários durante o dia é utilizar o alarme do seu celular não só na hora de acordar como também para te "despertar" para os compromissos que você programou.

Os alertas e notificações da agenda também são bastante úteis, pois te avisam a hora de focar em uma tarefa específica. Basicamente, uso os alarmes para as grandes divisões do dia e os alertas para as tarefas, como veremos a seguir.

## 6. Divida seu dia em blocos

Dividir o dia em blocos é uma estratégia que funciona bem, principalmente para os múltiplos papéis que toda pessoa tem hoje.

Sou escritor, empresário, pai, marido e participo de eventos sociais. Desta forma, separo muito bem os horários de cada área de atuação para que o bolo não desande. Destino duas horas entre a divisão "acordar" e a divisão "trabalho" para meditar, caminhar e fazer as atividades rotineiras das manhãs de quem tem uma família grande.

Às oito em ponto, mergulho no trabalho. Depois, vem a divisão "almoço", seguida novamente de "trabalho" até a última divisão "fim do trabalho", quando paro as atividades profissionais para me dedicar ao lado pessoal e social.

Faça uma divisão macro do seu dia e cuide para que atividades de um perfil não avancem ou atrasem a de outro. Respeite também as pausas. No fim de semana, desligue todos os alarmes e alertas, afinal, apenas robôs são de ferro.

## 7. Faça uma lista de tarefas

Você quer escrever um livro? Nada melhor para tornar isto realidade do que separar seu objetivo em tarefas menores até que o marcador mostre "100% cumprido".

Um livro necessita de pesquisa, planejamento, escrita, reescrita, edição, revisão, produção, publicação e marketing. Se você não quebrar em partes pode ficar paralisado sem saber o que e quando fazer e, pior, procrastinar.

Lance cada etapa do seu livro em sua agenda, divida as grandes tarefas em tarefas menores – na parte de escrita, por exemplo, cada capítulo é uma subtarefa – cumpra os horários que você determinou para cada uma delas e, muito em breve, seu livro estará pronto.

## 8. Comece pelo mais importante

Se você coloca metas que te fazem pular da cama, evita as distrações e dá um basta na procrastinação, fica muito mais fácil produzir. Então, comece pelo mais importante, o seu porquê. Separe uma horinha em sua agenda e responda por que você deseja escrever o livro.

Feito isto, organize todas as tarefas por prioridade e lembre-se do Princípio de Pareto: 80% das consequências advêm de 20% das causas. Portanto, concentre seu tempo em atividades que façam valer cada minuto.

Considero "escrever e promover" as tarefas mais importantes para quem deseja viver da escrita. Dito isto, as outras atividades relativas à publicação podem ser feitas se sua agenda permitir ou, na maior parte das vezes, devem ser terceirizadas.

## 9. Recompense-se

Existe uma piada que diz que nada faz uma pessoa correr atrás de seus objetivos como ter uma cenoura na frente ou uma cenoura atrás.

Claro que a primeira alternativa é muito melhor. Então, prepare recompensas para fortalecer seu comprometimento e o cumprimento de suas metas e evite que elas tenham que ser guiadas pela segunda cenoura.

## 10. Escreva quando seu cérebro está ligado

Cada pessoa tem um relógio biológico próprio e o cérebro de cada um funciona melhor em determinados horários do que em outros.

Identifique os horários em que sua escrita é mais produtiva, aquele momento em que sua barra de energia está lá em cima gerando ondas gama de primeira, e rearranje sua agenda para que este período seja utilizado com eficiência – criar bons conteúdos – e eficácia – fazer aquilo que precisa ser feito – a fim de que os resultados sejam mais efetivos.

## 11. Escreva quando os outros cérebros estão desligados

Se você não é um escritor full-time e sua agenda não permite que você escreva durante o horário comercial, logo antes ou depois dele, escreva em horários em que outras pessoas não podem te interromper.

Alguns preferem escrever tarde da noite, outros muito cedo, antes do mundo acordar, pois sabem que assim não sofrerão interrupções.

## 12. Leia sobre produtividade e procrastinação

Existem diversos conteúdos e métodos para aumentar a produtividade, fazer mais e melhor e não deixar para algum dia aquilo que você precisa fazer hoje.

Encontre o que mais se adequa ao seu perfil. Aprenda como fazer seu tempo render mais e, de quebra, descubra como diminuir a ansiedade tendo maior controle sobre seus horários. Nada é capaz de gerar mais ansiedade do que querer fazer algo e não ter tempo.

## 13. Peça ou contrate ajuda

Aqui volto ao Princípio de Pareto. Você não precisa programar seu website, criar a capa do seu livro ou fazer a revisão. Existem diversos serviços online onde você pode terceirizar as atividades que não são responsáveis por 80% das suas receitas. Também existem diversos serviços que evitam que você tenha que colocar a mão na massa em uma tarefa não relacionada com seu foco e sobre a qual você não tem domínio.

Como exemplos, cito o WordPress, para ter um website decente, e o Hootsuite, para programar a publicação de seus posts nas diversas redes sociais. Você também pode pedir a parentes competentes para fazer a revisão do seu livro ou a um webdesigner amigão para criar a capa, caso não queira contratar um profissional.

Como recomendações adicionais, sugiro que você corte do seu tempo tudo que não é absolutamente necessário e faça uma coisa de cada vez, começando sempre pela tarefa mais difícil, o que tornará as outras mais fáceis por comparação. Desenvolva técnicas para escrever mais rápido e mantenha uma mentalidade de sucesso sempre.

A rotina pode mudar sua vida. Isaac Azimov, por exemplo, publicou mais de 500 livros e contos ao longo dos seus 52 anos de carreira.

# Conclusão

Muito obrigado por me acompanhar nesta jornada pelas técnicas da ficção científica e da fantasia. Espero ter conseguido, com este livro, lhe apresentar as melhores práticas para escrever uma história que engaje seu leitor. Mas não se prenda às técnicas, por favor. Quebre as regras, liberte sua mente e escreva com paixão e emoção.

Neste momento, espero que você já saiba por que deseja escrever histórias do gênero, algo que precisa ser mais do que simplesmente ganhar dinheiro. Isto será a consequência de um bom trabalho de escrita e de marketing.

Delineie muito bem sua história, pense com carinho

e dedicação em seus personagens e crie uma trama arrebatadora. Crie personagens únicos, protagonistas fortes e antagonistas inesquecíveis.

O segredo de um bom "sci-fantasy" está na premissa. Cuide para que a trama siga um ritmo progressivo com uma grande questão especulativa, ciência e magia nas doses certas, cenários estonteantes e cenas que caracterizam o gênero sem cair em clichés.

Faça o leitor ter empatia por seus protagonistas. Gere tensão com conflitos internos, externos e interpessoais combinados com ameaças físicas, psicológicas e sociais.

Procure gerar tensão nos diálogos, busque a verossimilhança no impossível e trabalhe em uma escalada de conflitos com base nas reais intenções de cada personagem. Use casualidades e viradas inesperadas para surpreender o leitor.

Escreva com autenticidade. Ser verdadeiro emite um eco inquietante que transforma a mente e faz com que o leitor perceba além das palavras.

Lembre-se de que a melhor forma de saber se seu livro surpreenderá os leitores é se você também se surpreende enquanto o escreve. Escreva com o coração, reescreva com o cérebro e, por fim, teste, revise, publique e promova seu livro para que ele chegue às mãos do maior número possível de leitores. Crie uma rotina de escrita, foque em sua carreira e logo o sucesso baterá à sua porta.

Para encerrar, medite sobre a frase de Oscar Wilde:

*"O homem pode crer no impossível,*
*mas nunca acreditará no improvável."*

**Vida longa e próspera!**

Escrevendo Ficção Científica & Fantasia

# Sobre o Autor

Sou escritor, professor e empresário, não necessariamente nesta ordem. Meus livros mostram "por que", "o que" e "como" fazer para gerar mais receitas através de livros, e-books, cursos, blogs e produtos de informação.

Escrevo para pessoas que buscam formas de ampliar sua visibilidade e alcançar seu público ideal usando a Internet e as redes sociais. Escritores independentes, blogueiros, infoprodutores, empreendedores digitais, afiliados e marqueteiros encontrarão em meus livros informação de alta qualidade por um preço justo.

Em meu tempo livre, gosto de filosofar, jogar futebol, trocar ideias com meus filhos, ler e... Escrever. Sim, também escrevo nas horas vagas!

Se você deseja ser bem sucedido na escrita, implemente o hábito da escrita em sua vida. Escreva todos os dias!

# Livros Publicados

Confira a lista completa de livros publicados por Eldes Saullo em:

**www.eldessaullo.com/livros**

Eis alguns deles:

- Escrevendo Romances – Como Escrever Histórias de Amor Que Apaixonam
- Escrevendo Terror – Como Escrever Histórias Sobrenaturais de Arrepiar
- E-book Marketing - 50 Maneiras de Promover Seu Livro e Vender Mais
- E-book em 48 Horas – Como Escrever um Best-Seller de Negócios ou Autoajuda
- Seu Livro no Kindle - Como Escrever e Publicar Seu Livro na Amazon e no Kindle
- Capas Que Vendem - Os Segredos das Capas de Livros Que Atraem
- Planejando Livros de Sucesso - O Que Especialistas Precisam Saber Antes de Escrever um Livro

- 150 Nichos Quentes – Como Identificar Segmentos de Mercado Poderosos e Lucrar com Eles
- Um Passeio pelo Bosque da Criação – A Gênese do Escritor nos Versos do Princípio

# Cursos

Confira também os cursos online ministrados em:

**www.eldessaullo.com/cursos**

# Contatos

## E-mail

eldes@lanceumlivro.com

## Web

www.eldessaullo.com
www.lanceumlivro.com

## Redes Sociais

facebook.com/livrosquevendem
twitter.com/eldessaullo/
br.linkedin.com/in/eldessaullo

# Avalie

Eu espero que você tenha gostado deste livro. Ficarei muito feliz se você postasse uma avaliação sobre ele na Amazon. Receber avaliações me emocionam e eu estou ansioso para ler o que você pensa. Se possível, mencione que capítulo você achou mais útil e por quê. Para isto, basta acessar a página do livro na Amazon e clicar no botão "Escreva Uma Avaliação".

Envie-me o link da sua avaliação por e-mail e eu lhe enviarei uma cópia gratuita de avaliação do e-book **"O Hábito de Escrever – Como Desenvolver Foco e Determinação Para Viver da Escrita"**.

Se você tem alguma crítica ou sugestão que possa melhorar este livro ou encontrou algum erro, por favor, me envie um e-mail para eldes@lanceumlivro.com.

Você também pode me seguir no Twitter onde meu nome de usuário é **@eldessaullo**. Envie-me um tuite com o que você achou deste livro e, provavelmente, eu te seguirei de volta.

Se você gostou deste livro, será sensacional se você puder indicá-lo para seus amigos. Talvez você conheça alguém que possa se beneficiar deste conteúdo.

Um forte abraço e sucesso no seu caminho!

**Muito obrigado e até a próxima!**

**Amor e Gratidão**